랄랄라 진관사

랄랄라 진관사

황찬익 · 수경 지음

클리어마인드

랄랄라 진관사

(진관사 주지 계호 스님의 손글씨입니다)

목 차

006　한옥, 돌을 괴고 흙과 나무로 세우다

026　진관사 새벽예불

064　국행수륙재
　　　진리의 법공양 듣고 든든한 밥공양 받으니

106　진관사 가는 길

164　코드블루

212　절밥 속에 담긴 무서운 속뜻 한 숟가락

258　행복한 세 비구니 스님

한옥,

돌을 괴고

흙과 나무로

세우다

　궁궐이든 여염집 초가집이든 모든 한옥은 일정한 순서와 원칙이 있다. 먼저 건물이 들어설 자리에 땅을 다지고 그 위에 주추를 놓는다. 주추는 생긴 그대로의 자연석이든 이를 둥글거나 네모지게 다듬은 것이든 형편 따라 놓게 된다. 주추 위로 나무로 기둥을 세우고 그 위에 가로로 공포를 짜 올리는데 기둥에서 기둥으로 가로지르는 대들보를 먼저 놓고 그 위에 여러 공포와 서까래를 올려 집을 완성해간다.

미술에 자연미술이란 장르가 있다. 주변의 자연에서 소재를 구해서 설치하고 전시해서 나중에 그대로 놔둬도 미술품의 소재들이 주변 자연으로 돌아가는 자연 친화적인 미술 행위를 자연미술이라고 한다. 그런 의미에서 우리의 전통 한옥은 그 자체가 바로 자연미술이다. 손 대지 않고 놔두면 저절로 허물어져 주변 자연 속으로 사라진다.

소재만 그런 것이 아니다. 건물이 놓이는 것에서부터 놓인 건물이 주변 자연경관과 조화를 이루는 점도 또 그렇다.

산의 공제선空際線을 치고 올라앉는 경우가 드물고 시냇물도 바위도 그대로 집의 정원으로 활용되기도 한다.

방문을 열고 바라보면 방안까지 주변의 나무와 새와 꽃과 바위가 성큼 들어와 내 식구처럼 둘러앉는다.

최근 진관사는 불사를 마쳤다. 요즘 같으면 전국의 어느 절이나 흔히 불사하는 모습을 볼 수 있는데 진관사 불사는 입에서 입으로 소문을 타고 전국의 불사를 앞둔 사찰에서 앞다투어 한번 보고 갈 정도로 소박하고 예쁘게 아주 잘됐다.

스님들 사이에서는 불사도 억지로 하는 것이 아니라 시절인연이라는 말이 있다. 주로 막대하게 드는 예산이 의도하지 않아도 불사를 할 만큼 저절로 만들어지는 것을 이르는 말이지만, 예산뿐 아니라 건축의 모양새도 그런 것 같다. 잘된 불사는 주변 자연환경과 조화를 이룬다. 주변의 산세와 시냇물의 흐름과 오래된 나무와 바위들이 서로서로 인연이 되어 불사를 완성한다.

사람이 하는 일이지만 사람은 욕심을 내려놓고
주변의 산봉우리, 시냇물, 바람과 새와 나무와
바위가 들려주는 말을 알아들으면 되는 것이다.
간절한 생각이 깊으면 불사는 저절로 이루어진
다는 말이 바로 그 까닭이다.

삼각산 북서쪽 첩첩한 산도 굽이진 계곡도 한데 모여드는 합수합곡合水合谷의 명당. 그 연꽃봉우리 같은 자리에 지금 이 시대를 대표하는 어여쁜 절이 만들어졌다. 새소리, 물소리 들으며 가슴 속까지 말끔하게 씻어내는 깨끗한 비구니 절집 진관사다.

서쪽으로는 진관사를 숲으로 가리게 하였고 西林津寬寺
남쪽으로는 한강물을 눌렀도다 南壓漢江滸 (박팽년)

작은 것은 발을 돋움질하여 미칠 만한 것이 안타깝고 小憐跂而及
큰 것은 우러러보기만 하고 굽어보지는 못하는 것이 싫도다 大厭仰不俯 (신숙주)

위로는 반짝이는 별빛에 부딪히고 上磨明星熒
아래로는 넓은 평야 풍성함을 굽어보네 下瞰周原膴 (성삼문)

선사에 차는 어찌 그리 시원한가 禪社茶何冷
시골의 술은 모름지기 살 만하다 村墟酒須酤 (이개)

경문을 궁구하려니 산절을 찾겠고 窮經尋山室
정신을 기르니 하늘의 도움을 받도다 頤神受天祐 (박팽년)

아침저녁으로 푸른 숲을 대하여 朝夕對蒼翠
앉았다 누웠다 옛 서적을 보도다 坐臥看訓詁 (신숙주)

— 연구(聯句) 〈삼각산〉 중에서

앞의 시는 집현전 학사들이 진관사에서 사가독서를 할 때 지은 것이다. 뒤에 성현이나 윤증 등의 후학들이 이 시를 인용하여 소개했는데 아래 글은 윤증의 《명재유고》에 실린 것이다.

정통正統 임술년(1442, 세종24)에 저헌樗軒 이석형 백옥李石亨 伯玉과 박팽년 인수朴彭年 仁叟, 신숙주 범옹申叔舟 泛翁, 이개 청보李塏 淸甫, 성삼문 근보成三問 謹甫, 하위지 중장河緯地 仲章이 임금의 명을 받고 진관사津寬寺에서 사가독서賜暇讀書 하였는데, 그때 이들이 지은 연구聯句 세 편이 있다. 상상해 보면 그 당대 최고의 시회詩會이므로 그 실력들이 막상막하였을 것인데, 남겨진 이 시편을 읽은 후세 사람들은 "옥그릇으로 부서질지언정 질그릇으로 온전하기를 바라지 않았다[玉碎瓦全]."라는 평을 하고 있다.

— 윤증尹拯, 《명재유고》 제31권.

진관사 새벽예불

도심서 느끼는 가슴 서늘한 감동

진관사는 도심 절일까? 산중 절일까? 절을 다니면서 절에 대해서 좀 안다는 신도들에게 산중 절과 도심 절의 차이 가운데 하나는 새벽예불을 몇 시에 하느냐다.

한때 교회 종소리 때문에 새벽잠을 설친다는 민원이 제기되었던 적이 있었다. 절에 비해 도심이나 인가 가운데 자리 잡은 교회의 경우 새벽 종소리는 인근 주민들의 새벽잠을 설치게 하는 소음이 되기도 해서 결국 지방자치단체의 중재로 아침 몇 시 이전에는 종을 치지 않기로 했다고 들었다.

그런데 절도 도심에 자리한 곳이 늘어나고 공중에 작은 종 매달아 놓고 딸랑딸랑 치는 교회종에 비해 절의 종소리는 크기도 훨씬 크고 우람한 중저음이다. 새벽예불을 모시는 데 있어 꼭 필요한 의식절차이니 치지 않을 수는 없고…. 도심 절들은 어느 때부터인지 새벽예불 시간을 알아서 뒤로 늦췄다.

해인사나 송광사 같은 산중의 절들은 새벽 예불 시간이 새벽 3시다. 저녁 9시에 잠자리에 들어 3시 도량석 소리를 들으며 깨어나서 하루를 여는 중요한 의식 절차이니 간단히라도 세안도 하고 가사와 장삼을 차려 입고 큰법당까지 모이는 시간이 30분가량…. 대표적인 비구니 강원인 운문사 같은 경우 이때 각방 처소에서 큰법당까지 줄지어 걸어가는 모습이 마치 기러기가 줄지어 날아가는 것 같은 장관이라고 해서 이를 '안행雁行'이라 부르기도 한다.

새벽예불이 법당에서 사실상 시작되는 시간은 3시 30분 정도지만 소임에 따라 3시 이전부터 준비하는 경우도 있다. 사중에서 잠든 대중을 깨우고 인근의 동물과 벌레와 풀, 나무까지 흔들어 일어나게 한다는 의미를 띤 도량석이다. 그러니 이를 담당하는 스님은 늦어도 2시 반에는 일어나야 한다.

범종과 법고, 운판과 목어를 불전사물佛殿四物이라 한다. 이 네 가지 공양구의 소리는 각각 네 종류의 중생을 구제한다고 한다. 목어는 물속의 중생을 구제하고 운판은 하늘을 나는 중생을 구제하며, 법고는 네 발 달린 짐승을, 범종은 지옥중생을 구제한다. 불전사물을 담당하는 스님들도 마찬가지다. 불전사물을 차례대로 치고 난 다음에 그 신호에 맞춰 법당 안의 예불이 시작되기 때문이다.

미리 법당에 가서 불 밝히고 향 사르는 소임을 담당하는 스님도 그렇다. 사람 수에 맞게 좌복도 미리 깔아두고 서로 말 한 마디 없어도 대중이 물 흐르듯이 예불을 모시고 돌아갈 수 있도록 모든 것을 살펴 준비하는 것이니, 나와 남의 마음 상태까지 살피고 알아채는 수행이 따로 없는 셈이다.

홀연히 생각하니…

진관사도 새벽예불 시간으로만 보면 산중 사찰이다. 북한산 사모바위에서 흘러내린 응봉능선과 비봉에서 나란히 내려온 기자능선 사이 첩첩하게 여며진 산자락에 자리잡았기에 세속의 불빛 한 줌 스며들지 않는 절이다.

2시 50분, 대웅전 마당 한 켠에 서 있던 검은 그림자가 어둠 속에서 낮은 목탁 소리를 굴린다. '똑똑 또르르' 도량석 소리다. 주변의 잠들어 있는 동물과 산천초목이 놀라지 말라고 처음엔 작은 소리로 시작해서 점차 커지지만 주변에 깔린 어둠과 자욱하게 내려앉은 고요를 거스를 만큼은 아니다.

    법의 성품은 원융하여 두 모습이 아니요 法性圓融無二相
    모든 법은 움직이지 아니하니 본래 고요하다 諸法不動本來寂

    이름 없고 형상도 없어 온갖 것으로부터 끊겼으니 無名無相絶一切
    깨달음의 지혜로만 알뿐 경계 너머에 있지 않다 證智所知非餘境

    참된 성품은 참으로 깊고 오묘하니 眞性甚深極微妙
    자기 성품에 집착하지 않고 인연따라 이루어지네 不守自性隨緣成

    하나 속에 일체 있고 여럿 속에 하나 있어 一中一切多中一
    하나가 곧 일체요 여럿이 곧 하나로다 一卽一切多卽一

    작은 티끌 하나에 시방세계 머금었고 一微塵中含十方
    온갖 티끌도 또한 이와 같다네 一切塵中亦如是

한량없는 오랜 세월은 찰나의 한 생각이요 無量遠劫卽一念
찰나의 한 생각은 무량한 시간이네 一念卽是無量劫

과거와 현재와 미래가 서로 조응한 듯하지만 九世十世互相卽
인하여 존재하지 않고 어지러이 따로 이루어졌도다 仍不雜亂隔別成

처음 마음 낼 때 이미 정각에 이르렀고 初發心時便正覺
생사와 열반이 언제나 함께 하네 生死涅槃相共和

진리와 현상은 분별없이 아득히 그대로여서 理事冥然無分別
수많은 부처님과 보현보살 경지로세 十佛普賢大人境

부처님은 해인 삼매 중에 能仁海印三昧中
온갖 불가사의한 법을 나투시고 繁出如意不思議

허공 가득 내리는 비와 같은 진리의 말씀을 雨寶益生滿虛空
중생들은 저마다의 근기 따라 받아 지니네 衆生隨器得利益

수행자가 본래 그곳에 이르려면 是故行者還本際
망상을 쉬지 않으면 얻기 어려워라 叵息妄想必不得

좋고 아름답다는 생각마저도 없이 본래 뜻을 따른다면 無緣善巧捉如意
자신의 직분대로 돌아갈 자질과 능력을 얻는다네 歸家隨分得資糧

이 다라니의 다함없는 귀중함은 以陀羅尼無盡寶
온 세상을 장엄하여 보배 궁전이 되게 하고 莊嚴法界實寶殿

마침내 실다운 중도의 자리에 앉았으니 窮坐實際中道床
예부터 변함없는 그 이름 부처로다 舊來不動名爲佛

- 의상대사, 〈법성게〉

하나의 작은 티끌 속에 시방삼세가 다 들었고 한량없는 긴 세월도 한생각 일으키는 찰나에 불과하다는 말은 어둠 속 누구에게 들려주는 말이라기보다 끊임없이 스스로를 경책하는 다짐이다.

전국 사찰에서 도량석 때 외는 게송 가운데 가장 많이 쓰이는 것이 바로 의상대사의 일승법계도를 읊조리기 좋게 해서 외는 〈법성게〉와 경허 스님의 〈참선곡〉이다.

"홀연히 생각하니 도시몽중이로다
천만고 영웅호걸 북망산 무덤이요
부귀문장 쓸데없다 황천객을 면할소냐
오호라 나의 몸이 풀끝에 이슬이요
바람 속에 등불이라
삼계대사 부처님이 정령히 이르사대
마음 깨쳐 성불하여 생사윤회 영단하고
불생불멸 저 국토에 상락아정 무위도를
사람마다 다할 줄로 팔만장교 유전이라
사람되어 못 닦으면 다시공부 어려우니
나도 어서 닦아보세 닦는 길을 말하려면
허다히 많건마는 대강 추려 적어보세"

— 경허 스님, 〈참선곡〉

아침마다 어둠에 싸인 낯선 곳 싸늘한 새벽 공기 속에서 일어나 거닐면 이곳이 바로 도무지 꿈속 같은 곳 아닐까? 풀 끝에 맺힌 이슬처럼 아슬아슬한 내 목숨이 꺼져버리기 전 '나' 란 누구인지 알고자 출가했다. 새벽 도량석은 출가 당시 처음 냈던 그 마음을 항상 간직하고자 하는 간절한 다짐이다.

이윽고 법당 앞에서 걸음을 멈추고 홀로 서 남은 게송을 마저 외어 마친 스님은 그림자처럼 사라지고 등 뒤 범종각에서 '동동, 둥~!' 하는 범종 소리가 세상을 깨운다. 범종도 도량석 목탁 소리처럼 처음 두 차례는 약하게 쳐서 주변이 놀라지 않게 배려한다.

티끌 하나에 시방세계가 모두 담겼다는 가르침처럼 종소리 한번 한번에 태초에 처음 열렸던 세상이 거듭거듭 새로 열리는 듯하다. 문수봉 깎아지른 벼랑 아래를 거닐던 멧돼지나 숨은벽 가장 깊은 골짜기로 숨어들던 너구리, 오소리도 이 아득한 범종 소리를 들으며 비로소 새로운 하루를 맞을 것이다.

서른세 번째 종소리는 처음 칠 때처럼 '둥~~, 동동' 하고 작게 두 번 치는 소리를 대동한다. 그 신호를 받아 법당 문안에 놓인 법당 종이 '땅땅땅~~' 하고 비로소 자신의 존재를 알리고 그 소리에 맞춰 앉아 있었던 대중이 한 마디 말도 없이 동작을 맞춰 일어나 예불을 올리기 시작한다.

불단 정면 어간에는 주지 스님을 비롯한 어른 스님이 앉고 양쪽으로는 좌차座次에 따라 앉는다. 수백 명씩 예불을 드리는 큰절에서는 불단 바로 앞에는 법랍이 적은 젊은 스님이, 문 앞 맨 뒤편에는 노스님이 앉도록 암묵적인 자리 배치가 미리 되어 있기도 한다. 그런 의미에서 볼 때 새벽예불에 참석하는 신도들은 법당 양쪽 끝 앞자리부터 앉는 것이 예의이다.

예불은 전통에 따라 조금씩 다르지만 대체로 우리나라 사찰에서는 〈오분향례〉로 불리는 다음의 예불문을 바탕으로 진행한다.

이는 크게 세 부분으로 나뉘는데 처음 시작은 다섯 가지 향기로 도량을 맑게 정화하고, 두 번째는 불보살님과 역대 조사, 선지식에게 귀의하며, 마지막으로 일체중생이 함께 깨달음을 성취하기를 소원하는 것이다.

예불문 안에 불교가 다 들었다

'주지가 예불만 잘해도 절은 저절로 잘된다' 라는 말이 있다. 그만큼 예불은 출가 생활의 기본 가운데 기본이다. 마찬가지로 '지심귀명례~' 하는 이 예불문 안에 불교의 모든 것이 다 들었다는 말도 있다.

청정하게 계율을 지켜서 그 향기를 불보살님 전에 올립니다.
물러남이 없는 선정을 닦아서 그 향기를 불보살님 전에 올립니다.
몸과 마음을 살펴 얻은 지혜의 향기를 불보살님 전에 올립니다.
고통의 원인인 삼독심을 벗어나 그 향기를 불보살님 전에 올립니다.
모든 세계를 지혜롭게 통찰해서 그 향기를 불보살님 전에 올립니다.

처음 다섯 가지 향으로 도량을 청정하게 정화하는 게송인데, 그 향기라는 것이 정말 향을 피워서 냄새를 피우는 것이 아니라, 자신의 청정한 계율을 지키고 물러남 없는 선정을 닦고 지혜를 증장하고 욕심을 내려놓는 자신의 행동의 결과에서 자연스럽게 풍겨 나오는 수행자의 체취를 불전에 고하는 것이다.

이어서 바로 부처님과 진리의 가르침과 부처님의 화신인 여러 보살님들께 먼저 예를 올리고, 이어서 부처님의 제자와 역대 조사와 선지식 그리고 우리가 속한 승단에 차례로 예를 올린다.

계향 정향 혜향 해탈향 해탈지견향
戒香 定香 慧香 解脫香 解脫知見香
광명운대 주변법계 공양시방 무량불법승
光明雲臺 周遍法界 供養十方 無量佛法僧

헌향진언 獻香眞言
옴 바아라 도비야 훔(세 번)

지심귀명례 삼계도사 사생자부 시아본사 석가모니불
至心歸命禮 三界導師 四生慈父 是我本師 釋迦牟尼佛

지심귀명례 시방삼세 제망찰해 상주일체 불타야중

至心歸命禮 十方三世 帝網刹海 常住一切 佛他耶衆

지심귀명례 시방삼세 제망찰해 상주일체 달마야중

至心歸命禮 十方三世 帝網刹海 常住一切 達磨耶衆

지심귀명례 대지문수사리보살 대행보현보살 대비관세음보살
대원본존지장보살 마하살

至心歸命禮 大智文殊舍利菩薩 大行普賢菩薩 大悲觀世音菩薩
大願本尊地藏菩薩 摩訶薩

지심귀명례 영산당시 수불부촉 십대제자 십육성 오백성 독수성
내지 천이백 제대아라한 무량 자비성중

至心歸命禮 靈山當時 受佛咐囑 十大弟子 十六聖 五百聖 獨修聖
乃至 千二百 諸大阿羅漢 無量 慈悲聖衆

지심귀명례 서건동진 급아해동 역대전등 제대조사 천하종사
일체미진수 제대선지식

至心歸命禮 西乾東震 及我海東 歷代傳燈 諸大祖師 天下宗師
一切微塵數 諸大善知識

지심귀명례 시방삼세 제망찰해 상주일체 승가야중

至心歸命禮 十方三世 帝網刹海 常住一切 僧伽耶衆

유원 무진삼보 대자대비 수아정례 명훈가피력 원공법계제중생 자타일시 성불도

唯願 無盡三寶 大慈大悲 受我頂禮 冥熏加被力 願共法界諸衆生 自他一時 成佛道

이를 번역하면 다음과 같다.

"오분법신의 향을 사르어 올리오니 그 향기가 구름 위에 솟은 광명처럼 주변 법계에 두루 퍼져서 시방에 아니 계신 곳 없는 무수한 부처님과 가르침과 스님들이 공양하게 하소서.

욕계, 색계, 무색계의 영원한 스승이자 모든 중생의 자애로운 어버이시며 나의 스승이시기도 한 석가모니부처님께 지극한 마음으로 예를 올립니다. 온 우주와 전 세계에 항상 존재하시는 모든 부처님께 지극한 마음으로 귀의하고 예를 올립니다. 시방 세계에 항상 머무르는 부처님의 가르침에 지극한 마음으로 예를 올립니다.

지혜의 상징이신 문수보살님, 실천의 상징이신 보현보살님, 자비의 상징이신 관세음보살님, 원력의 본존이신 지장보살님 등 모든 보살님들께 지극한 마음으로 귀의하고 예를 올립니다.

영산회상 당시 부처님께 부촉을 받으신 십대제자와 16성현 그리고 500성현과 홀로 깨달음을 얻은 독수성과 1,200 아라한과 헤아릴 수 없이 많은 성현들께도 지극한 마음으로 귀의하고 예를 올립니다.

인도에서 우리나라에 이르기까지 법을 이으신 역대 전등조사와 하늘 아래 큰스승님들과 일체의 알 수 없을 만큼 많은 큰선지식들께도 지극한 마음으로 귀의하고 예를 올립니다. 시간적으로나 공간적으로 존재하는 모든 스님들께도 지극한 마음으로 귀의하고 예를 올립니다.

오직 바라옵건대, 삼보시여 대자대비로 저희의 예를 받으시어 가피력을 내리시어 법계의 모든 중생이 모두 함께 불도를 이루게 하옵소서."

실천의 지표, 이산혜연 선사 발원문

절에서는 새벽 3시 새벽예불, 오전 10시 30분 사시예불, 그리고 저녁 6시경 저녁예불까지 하루 세 차례 예불이 치러지는데 이때마다 이 예불문이 사용된다. 예경, 찬탄, 다짐 등 웬만한 내용이 이 안에 다 담겼지만 따로 발원문을 봉독하는 경우가 많다. 이때 많이 봉독하는 발원문이 이산혜연 선사의 발원문이다.

이산혜연 선사는 당나라 이산교연怡山皎然 스님을 이르는 것으로 육조혜능 선사의 2대 제자 가운데 하나였던 청원행사 - 설봉의존으로 이어지는 법맥을 이은 스님이다. 발원문 가운데 우리나라에서 가장 많이 읽히는 것이 이산혜연 선사 발원문인데, 이는 운허용하 스님이 일찍이 이 발원문을 우리말로 번역해 놓았기 때문이다.

운허 스님은 춘원 이광수의 스승이요 교종대본찰 봉선사의 법당을 한글로 '큰법당'이라 붙이고 주련도 한글로 달게 했던 스님으로, 불경을 우리말로 옮기는 한글대장경 사업을 착수하고 우리나라 최초의 불교사전도 만든 스님이다. 천 년도 더 오래 전에 한자로 쓰여진 발원문을 지금 우리가 읽는 네 글자씩 똑똑 떨어지는 우리말 번역문으로 만든 분이 운허 스님이니 사실은 운허 스님 발원문이라 불러야 하지 않을까?

이산혜연 선사 발원문

시방삼세 부처님과 팔만사천 큰법보와
보살성문 스님들께 지성귀의 하옵나니
자비하신 원력으로 굽어살펴 주옵소서
저희들이 참된성품 등지옵고 무명속에
뛰어들어 나고죽는 물결따라 빛과소리
물이들고 심술궂고 욕심내어 온갖번뇌
쌓았으며 보고듣고 맛봄으로 한량없는
죄를지어 잘못된길 갈팡질팡 생사고해
헤매면서 나와남을 집착하고 그른길만
찾아다녀 여러생에 지은업장 크고작은
많은허물 삼보전에 원력빌어 일심참회
하옵나니 바라옵건대

부처님이 이끄시고 보살님네 살피옵서
고통바다 헤어나서 열반언덕 가사이다
이세상에 명과복은 길이길이 창성하고
오는세상 불법지혜 무럭무럭 자라나서
날때마다 좋은국토 밝은스승 만나오며
바른신심 굳게세워 아이로서 출가하여
귀와눈이 총명하고 말과뜻이 진실하며
세상일에 물안들고 청정범행 닦고닦아
서리같이 엄한계율 털끝인들 범하리까
점잖으신 거동으로 모든생명 사랑하여
이내목숨 버리어도 지성으로 보호하리
삼재팔난 만나잖고 불법인연 구족하며
반야지혜 드러나고 보살마음 견고하여
제불정법 잘배워서 대승진리 깨달은뒤
육바라밀 행을닦아 아승지겁 뛰어넘고
곳곳마다 설법으로 천겁만겁 의심끊고
마군중을 항복받고 삼보님을 뵈올때에
시방제불 섬기는일 잠깐인들 쉬오리까
온갖법문 다배워서 모두통달 하옵거든
복과지혜 함께늘어 무량중생 제도하며
여섯가지 신통얻고 무생법인 이룬뒤에
관음보살 대자비로 시방법계 다니면서

보현보살 행원으로 많은중생 건지올제
여섯갈래 몸을나퉈 미묘법문 연설하고
지옥아귀 나쁜곳엔 광명놓고 신통보여
내모양을 보는이나 내이름을 듣는이는
보리마음 모두내어 윤회고를 벗어나되
화탕지옥 끓는물은 감로수로 변해지고
검수도산 날센칼날 연꽃으로 화하여서
고통받던 저중생들 극락세계 왕생하며
나는새와 기는짐승 원수맺고 빚진이들
갖은고통 벗어나서 좋은복락 누려지다
모진질병 돌적에는 약풀되어 치료하고
흉년드는 세상에는 쌀이되어 구제하되
여러중생 이익한일 한가진들 빼오리까
천겁만겁 내려오던 원수거나 친한이나
이세상의 권속들도 누구누구 할것없이
얽히었던 애정끊고 삼계고해 벗어나서
시방세계 중생들이 모두성불 하여지다
허공끝이 있사온들 이내소원 다하리까
유정들도 무정들도 일체종지 이루어지이다.

사실 내용은 예불문과 크게 다르지 않으나 예불문이 지극한 마음으로 귀의하고 예경하는 데 초점이 맞춰졌다면, 발원문은 어떻게 살까 하는 원력과 실천 등 발원을 중점에 두고 기술되어 있다.

발원문 낭독을 마치고 법당 오른편 신중단을 향해《반야심경》을 봉독한다. 아직 깨닫지 못한 신중들을 향해 부처님 법문을 들려주기 위해 일제히 그쪽을 향해 돌아서 봉독하는 것이다.

밖은 아직 어둠과 적막함이 깊게 드리웠다. 모였던 스님들이 뿔뿔이 각자 방으로 돌아가고 법당은 다시 텅 비었다. 수만 가구가 모여 사는 은평뉴타운이 지척이지만 진관사 새벽예불은 깊은 산중 절보다도 더 고즈넉하다. 명부전과 독성전과 칠성각, 나한전이 나란히 불 밝히고 동쪽에 헌헌장부처럼 우뚝 솟은 북한산 너머 떠오르는 아침 해를 기다린다.

산중의 큰절에 가서 새벽예불에 참석해보면 머리끝에서 가슴 깊은 곳까지 깨끗하게 비워지는 청량감을 느낀다. 어느 종교의식보다 장엄하고 엄숙한 의식이 새벽예불일지 모른다. 그런데 놀랍게도 불과 도심에서 10분도 떨어지지 않은 진관사에서도 그런 장엄한 산중사찰의 새벽예불이 매일 이루어진다.

템플스테이를 통해 불교문화를 체험하는 사람들이 늘고 있는데, 멀리 지방의 어느 절로 어렵게 찾아가기보다 진관사 새벽예불을 한번 체험해보길 권한다. 거기에 가슴 서늘한 감동이 있다.

국행수륙재

진리의 법공양 듣고 든든한 밥공양 받으니

1. 참회하는 마음

1392년, 태조 이성계는 조선을 세웁니다. 그때 그의 오른팔 정도전이 있습니다. 정도전은 이색의 문하에서 공부하며 정몽주 등과도 교분을 쌓은 유학자입니다. 그는 통치자가 민심을 잃으면 물리력으로 왕조를 교체할 수 있다는 맹자의 사상에 기대어 역성혁명의 정당성을 마련해 줍니다. 그리고 마침내 이성계가 조선의 왕으로 등극하자 정도전은 유학을 바탕으로 한 새로운 왕조정치를 실현하기 위해 애씁니다.

정도전은 《불씨잡변》을 짓습니다. 불씨는 석가를 가리키는 말로, 불씨잡변은 곧 석가가 한 잡스런 이야기라는 뜻입니다. 정도전은 여기에서 조목조목 불씨의 가르침이 삿되고 그릇된 것이라 지적합니다. 불씨는 인과설, 윤회설, 화복설을 내세워 인간의 바른 이치를 거스르고, 세속의 이치에 따라 민심을 현혹시킨다고 주장합니다. 유학자 정도전이 보기에 불씨의 잡변, 불교는 마땅히 혁파해야 할 낡은 유산이었습니다. 정도전의 《불씨잡변》을 기조로 한 숭유억불정책은 조선을 관통하는 이념이 됩니다.

그런데 태조 이성계 옆에 또 한 사람이 있습니다. 인도 승려 지공에게 선불교를 배웠고 나옹 화상의 전법제자이기도 한 무학대사입니다. 그는 천문지리와 음양도참설에 능했으나 나서지 않고 오랫동안 토굴에서 수행에만 전념했습니다. 그러다가 이성계를 만나서 조선을 세우는 데 한 축이 됩니다.

무학대사는 파자점과 해몽술로 이성계가 임금이 될 거라 예지합니다. 임금이 될 거란 말은 이성계에게 큰 힘이 됩니다. 이성계가 왕이 되기 위해 기도했다는 절이 꽤 많습니다. 금강산에 있는 절에서부터 남해 보리암에 이르기까지 전국에 걸쳐 있는 걸 보면 불교에 대한 이성계의 믿음이 상당했으리라 짐작됩니다. 새로운 도읍지도 도참설에 근거하여 찾습니다. 도참설에 밝았던 고승 도선은 한양은 전국의 기운이 다 모이는 곳으로 왕성이 들어설 것이며, 이때 성의 주인은 이씨가 될 것이라 예언했습니다. 그래서 한때 고려 왕조는 도봉산 밑자락에 오얏나무를 심었다가 베어버리기도 했지요. 이성계는 무학대사와 정도전에게 한양의 지세를 살피게 했습니다. 그리고 마침내 한양은 조선의 도읍지가 됩니다.

이성계와 무학대사의 일화입니다.

하루는 태조가 심심하던 차에 무학대사를 찾았습니다.
대사, 우리 심심한데 말놀이나 한판 해 봅시다.
내가 먼저 하겠소.
전하, 그리 하시지요.
이성계는 무학대사의 얼굴을 바라보다가 한마디 툭 던졌습니다.
대사, 대사의 상판이 어찌 꼭 돼지 상판 같소이다.
말을 마친 태조가 껄껄 웃으며 이번엔 무학대사 차례라고 했습니다.
성상의 용안은 마치 부처님 같아 보이십니다.
아니, 그게 뭔 말이오?
이성계는 웃음을 거두고 물었지요.
돼지의 눈에는 돼지가 보이고 부처의 눈에는 부처가 보이는 법이라 했습니다.
무학대사의 말에 이성계가 다시 껄껄 웃으며 말했습니다.
아니, 대사. 반칙이오.
웃자고 한 얘긴데 죽자고 덤비면 이거 재미없잖소.

숭유억불을 표방하고 야심차게 출발한 새 나라 조선에서 한낱 승려가 무엄하게도 임금의 얼굴을 돼지에 빗대어 말합니다. 하지만 누울 자리 보고 발 뻗는다고 했지요. 태조 이성계는 내심 불교에 의지하는 바가 컸습니다. 외유내불입니다.

태조는 역성혁명에 성공했지만 마음은 편치 않았습니다. 고려 왕족을 강화도와 삼척에 끌어 모아서 바다에 수장시킵니다. 살아남은 왕씨가 몇 안 될 정도의 대단한 살육이었습니다. 조선을 건국하면서 죽은 병사도 많았습니다. 정당한 죽음을 맞지 못한 이들은 그대로 원귀가 됩니다. 민심은 흉흉하고 사회는 어지러웠지요. 사람들은 옛것을 따르는 걸 좋아하고 새로운 것을 받아들이는 데는 낯설어합니다.

태조는 그래서 무차평등수륙재의를 엽니다. 고려시대 몇 차례 열렸으나 맥이 끊기어 가던 차였습니다. 태조 재위 6년 1397년 정월에는 북한산 진관사에 수륙사를 짓게 하고 세 차례 거둥하여 이를 살피기도 했습니다. 수륙재를 베풀어 곡절 많은 넋을 위로함이 그 목적이었지요. 이렇게 수륙재를 열어 평화를 비는 마음 간절했건만 모진 바람은 그치질 않습니다.

신의왕후 한씨 소생의 아들과 계비 신덕왕후 강씨 소생의 아들이 왕위를 두고 피비린내 나는 다툼을 벌였습니다. 방원이 정도전을 죽이고 신덕왕후 소생인 방번과 방석도 죽이는 걸로 1차 왕자의 난은 마무리되었지요. 그 일이 있고, 태조는 신덕왕후 소생 경순공주를 멀리 금강산 유점사로 보내어 승려로 만듭니다. 그때 공주는 이미 결혼했지만 이복 오라비 방원이 혹시라도 해칠까 두려웠던 것입니다. 상왕으로 물러나 함흥에 머물던 태조는 무학대사의 간청으로 한양에 돌아온 뒤 불경을 읽으며 소일했습니다.

임금의 자리에 올랐으나 마냥 기쁘고 좋은 일만은 아니었습니다. 수륙재를 베풀고 불경을 읽으며 태조는 참회하고 참회하는 마음으로 스스로를 내려놓았을 겁니다.

2. 너는 아느냐

아, 목숨은 하늘이 내린 것이니 바꿀 수 없고, 부자의 지극한 정은 천륜이니 그만둘 수가 없다. 네가 태어난 것이 을유년이었으니 열네 살. 이제껏 하루라도 내 곁을 떠난 적이 없었다. 내가 수라를 들자면 네가 반드시 먼저 맛보았고, 내가 활 쏘는 것을 구경하자면 네가 반드시 따라 늘 함께였다. 그런데 이제는 그만이니 무엇으로 내 마음을 잡겠느냐.

아, 슬프다. 너는 총명하고 온아한 행동거지에 형제간 우애 또한 돈독하였다. 때때로 글을 배워 익히고 활을 쏠 땐 여러 번 과녁을 맞히니 어디 한군데 흠잡을 데가 없었다. 장가를 들였고, 대군으로 봉하였으니 장차 어른이 되어 늙은 나를 위로하리라 여겼건만 이제는 그만이다. 아, 이를 어찌해야 한단 말인가.

네가 처음 병들었을 때 어린아이들에게 흔한 일이거니 했다. 병이 깊어져서야 후회했지만 이미 돌이킬 수 없는 지경이었다. 마땅히 매달려 기도를 덜 했음일까? 적당히 치료를 못해준 탓일까? 희디흰 네 얼굴이 눈에 선하고 낭랑한 네 목소리가 귓가에 쟁쟁하다. 아, 슬프다. 나와 네 어미가 통곡하지만 또한 이제 그만이로다.

너는 죽음을 앞두고도 어버이를 생각하였으니, 구천지하에서도 그 한이 남았을 게다. 하지만 너는 내 아들이 되어서 이미 효도하고 또 재주가 있어 나를 기쁘게 했다. 목숨이 길고 짧음은 실로 하늘에 달린 일, 네 죄가 아니니 한으로 맺지 마라.

나는 네 아비지만 마지막 가는 길을 직접 볼 수 없었다. 염하매 너의 옷과 이부자리를 볼 수 없었고, 빈소에서 너의 관을 어루만져 보지 못하였으며, 네가 누울 무덤 자리조차 가까이서 보지 못하였다. 더 없는 임금의 자리에 있건만 자식 사랑은 필부만도 못 하구나. 아, 말에는 다함이 있지만 정에는 끝이 없다. 너는 그것을 아느냐 모르느냐?

《조선왕조실록》 태종 18년 1418년 3월 3일자에 실린 이야기입니다. 태종이 넷째 아들 성녕대군을 홍역으로 잃었습니다. 자식을 앞세워 보내는 고통을 참척이라 하지요. 흔히들 하늘이 무너지는 고통, 천붕보다 더한 것이 참척이라 말합니다. 태종은 변계량이 써온 이 글을 읽어 내려가다가 반쯤 이르러 그만 다 읽지 못하고 흐느껴 울었습니다. 이어 태종은 성녕대군을 위해 진관사에 가서 수륙재를 베풀라 이릅니다. 슬프고 애통함이 지극하여 무릇 성녕대군의 천도를 위한 일이라면 하지 않는 바가 없었다고, 실록은 전합니다. 중언부언 이어지는 교서를 보노라니 고통으로 몸부림치는 태종이 보이는 듯합니다.

태종 이방원은 실로 무시무시한 사람이었습니다. 방원은 태조가 조선을 세울 때 직접 나서 돕습니다. 건국의 걸림돌이 된 정몽주를 죽이고, 정도전을 주축으로 세력을 일으키는 데 공을 세웁니다. 그러나 혁명이 성공한 뒤에는 뒷전으로 밀리게 됩니다. 태조가 신덕왕후 강씨의 소생 방석을 세자로 책봉하자 불만은 극에 달합니다.

신덕왕후가 죽자 방원은 자신의 동복형제들과 모의해서 방번과 방석을 죽이고 그들의 배후인 정도전마저 죽입니다. 임금이 되어서는 자신의 처남들, 원경왕후 민씨의 형제를 넷이나 죽입니다. 또한 양위 파동을 네 번이나 일으키며 자식과 신하들을 시험합니다. 권력욕 앞에서는 사식도 못 믿고 신하도 믿을 게 못 되었습니다. 자기의 앞길에 위협이 된다면 그가 누구든 제거하고 갑니다. 뿐만 아니라 강력하게 억불정책을 펼칩니다. 불교종단을 통폐합하고 사찰 수와 승려 수도 제한합니다. 사찰의 노비와 전토를 혁파하고 연등제 초파일 제도 폐지합니다. 불교의 색채를 걷어내고 철저하게 현실주의를 따르는 유교 정치를 펴는 데 애씁니다. 태종은 그렇게 강력한 임금이 되었습니다.

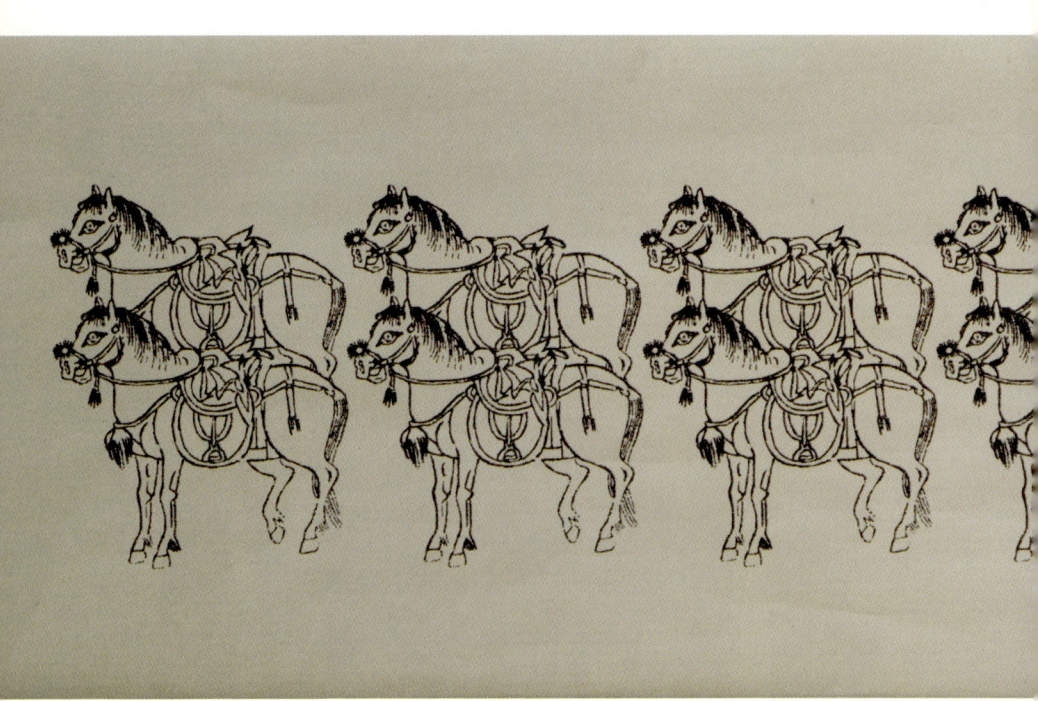

피도 눈물도 없을 것 같은 태종 이방원. 하지만 그도 참척의 고통 앞에서 '너는 아느냐' 눈물짓는 필부요, 아비일 뿐이었습니다. 늘 함께였고 흠잡을 데 없는 아들이었건만, '너는 아느냐' 물어도 대답이 없습니다. 외롭고 고통스럽습니다. 태종은 성녕대군의 천도를 위해 수륙재를 베풀라 이릅니다. 강력하게 억불정책을 펼친 태종이었지만 죽은 아들을 위해서는 불교재의에 의지합니다. 세상만사 아무것도 안다 할 게 없도다. 새삼스레 태종은 '너는 아느냐' 스스로에게 물었을지도 모르겠습니다. 그리고 성녕대군이 죽던 그해 8월, 태종은 자신의 셋째 아들인 충녕대군에게 왕위를 양위하고 권좌에서 내려옵니다.

3. 아귀가 될 뻔한 아난

옛날 아주 옛날, 석가세존이 법을 펼치던 때였습니다.
아난은 홀로 앉아 명상에 잠겨 있었습니다.
그때 홀연 아귀가 나타났습니다.
당신은 도를 닦는다면서 어찌 중생은 구제하지 않는가?
한없는 고통에 헤매는 중생을 구제하는 일이 으뜸이거늘…

당신은 앞으로 사흘 뒤에 아귀로 태어날 것이다.
아이구, 세상에나.
아난은 두려웠습니다.
입에선 불을 뿜고 머리는 쑥대머리.
실낱같이 가는 목에 배는 풍선처럼 부푼 배.
무시무시한 아귀는 먹어도 먹어도 늘 배가 고픕니다.
여보시오, 어찌하면 내가 그 고통을 면하겠소?
모래알만큼 많은 아귀, 사람들에게 먹을 것을 풀어 주어라.
그리고 나를 위해 삼보에게 공양을 올려라.
그러면 당신 목숨은 늘 것이고,
나 또한 천상에서 태어날 것이다.
아난은 부처를 찾아가 어찌하면 좋을지 물었습니다.
아난아, 두려워하지 말라.
저 강가의 모래알만큼 많은 목숨들에게 먹을 것을 풀어주면 되느니라.

무량공덕자재광명여래다라니법이 있는데
이를 일곱 번 외면, 모두
배불리 먹고 해탈할 수 있느니라.
아난은 그 말대로 법식을 베풀었습니다.
모래알만큼 많은 목숨들에게 먹을 것을 풀어주어라.
그러면 모두 배불리 먹고 해탈할 것이다.

이로 말미암아 수륙재가 시작됩니다.
참으로 공정한 법입니다.

4. 먹는 데 평등해야 법에도 평등하다

효령대군이 성대하게 수륙재를 7일 동안 한강에서 열었다. 임금이 향을 내려 주고, 삼단三壇을 쌓아 중 천여 명에게 음식 대접을 하며 모두 보시를 주고, 길 가는 행인에 이르기까지 음식을 대접을 하지 않는 자가 없었다. 날마다 백미白米 두어 섬을 강물 속에 던져서 물고기들에게 먹이를 베풀었다. 나부끼는 깃발과 일산日傘이 강을 덮으며, 북소리와 종소리가 하늘을 뒤흔드니, 서울 안의 선비와 부녀들이 구름같이 모여들었다. 양반의 부녀도 또한 더러는 맛좋은 음식을 장만하여 가지고 와서 공양하였다. 중의 풍속에는 남녀가 뒤섞여서 구별이 없었다.

실록(세종 14년, 1432년 2월 14일자)에 나타난 수륙재 풍경이 장관입니다. 효령대군이 한강에서 이레 동안 수륙재를 엽니다. 겨울은 길고 봄은 아직 멀어 먹을 것이 귀합니다. 그런데 여기 잔치가 열립니다. 종친이 여는 잔치라 풍족하기 그지없습니다. 지나는 길손에게도 음식을 풀어먹이니 천지 사방 사람들이 다 쏠려 갑니다. 승가의 풍속에 따라 남녀가 자유롭게 섞이고 북소리 종소리는 내내 흥을 돋웁니다. 심지어 쌀을 풀어 물고기에게도 보시하니, 세상에 이런 잔치가 없습니다. 수륙재를 베푸는 이레 동안 한강은 그야말로 해방구였습니다. 수륙재를 열고 죽음보다 무서운 굶주림을 거두어 주니 거기가 바로 정토입니다.

효령대군은 태종의 둘째 아들이요, 세종의 바로 위 형입니다. 양녕대군이 폐위되었을 때 다음 차례는 으레 둘째인 효령이라 여겼습니다. 하지만 태종은 셋째인 충녕에게 세자의 자리를 주었고, 효령은 미련 없이 권좌에서 멀리 떠났습니다. 그리고 불교에 심취합니다. 효령대군은 관악산 관악사를 비롯 양주 회암사, 월출산 무위사를 중창하는 등 수많은 불사를 관장합니다. 또한 《법화경》《금강경》《반야바라밀다심경》 등을 언해하여 한글로도 불경을 읽을 수 있게 합니다. 물론 이를 두고 유학들은 힐난하고 빗발치듯 '아니 되옵니다' 상소를 올립니다. 불교의 씨를 말려도 시원찮을 판에 종친의 숭불 행위는 옳지 못한 처사였지요. 하지만 효령대군은 불씨의 법을 좇아 세종, 문종, 단종, 세조, 예종, 성종 대까지 천수를 누렸습니다.

천지명양무차수륙재의. 수륙재의 정식 명칭입니다. 하늘과 땅, 이승과 저승, 뭍과 물, 세상 기댄 모든 것들에게 차별 없이 공양하는 재의라는 뜻입니다. 그래서 수륙재가 열리면 불보살, 신장, 사람은 물론이고 축생, 아귀에 오갈 데 없는 고혼들까지 두루 공양을 받습니다. 진리의 법공양을 듣고 든든한 밥공양을 받으니 천도는 모르겠으되, 산 자에게 이보다 복된 일은 없습니다.

옛날 어느 절에서 수륙재를 앞두고 스님들이 분주했습니다. 그때 거지꼴 여자가 아이 둘하고 개 한 마리를 데리고 왔습니다.

스님, 우리에게 먹을 것을 주오.

스님은 아직 수륙재를 열기 전이라 께름하게 여겼습니다.

길이 바빠 그러니 먼저 먹고 가겠소.

스님은 밥을 세 상 차려 주었습니다.

저 개에게도 한 상 차려 주오.

스님은 별 수 없이 개에게도 한 상 차려 주었습니다.

한 상 더 차려 주오. 보이지는 않겠지만 여기 내 뱃속에도 애가 들었소.

스님이 벌컥 화를 냈습니다.

보자보자 하니 꼴같잖게 탐욕이 너무 많구려.

그러자 거지 같은 여자는 아이 둘과 개를 데리고 온데간데없이 사라지고 말았습니다.

그리고 하늘에 사자와 동자 둘을 거느린 보살이 나타나 말했습니다.

중생이 평등을 배운다지만 경계에 따라 마음이 물결치고 온몸을 다 버려서 미워하고 사랑하니 어찌하리오.

경계에 끄달려서 파도치는 마음을 턱하니 내려놓으면 그만인데, 우바새 우바이들에겐 여전히 쉽지 않은 길입니다. 하여 때때로 수륙재를 베푸니 거기 모인 사람들은 탐진치로 얼룩진 마음을 씻어냅니다. 참회하고 청정해진 마음으로 평등하게 공양합니다. 먹는 데 평등해야 법에도 평등한 법입니다.

5. 그대들의 말이 옳다

　이렇듯 조선 초기 수륙재는 국가나 왕실에서 주로 베풀었습니다. 선왕과 선후를 위해 원찰을 세우고 수륙재를 베풀어 천도하는 일은 자식 된 도리로 마땅히 할 일이었습니다. 참척의 고통에 몸부림치며 먼저 보낸 자식을 위해 수륙재를 열었습니다.

또한 나라에 기근이 들거나 역병이 돌 때, 가뭄이 들 때도 수륙재를 열었습니다. 사연 많고 곡절 많은 원귀를 청정한 도량으로 모시어 씻기고, 법공양 밥공양으로 잘 달래어 천도합니다. 게다가 빈부귀천 가릴 것 없이 그 자리 누구나 평등 공양하니 얼씨구나 신납니다. 어지럽고 흉흉한 마음 달래는 데 수륙재만한 것이 없습니다. 그래서 〈가례〉에 따라 제를 치르되, 불씨의 법을 좇아 수륙재를 따로 베푸는 형상으로 나타났습니다. 오랜 세월 눈에 젖고 귀에 배인 불씨의 법을 하루아침에 쓸어버리긴 어려웠으니까요.

하여, 수륙재는 더벅머리 유학들에게 늘 문제가 되었습니다. 그들이 보기에 불씨의 법은 도무지 이치에 맞지 않는 허황된 것이었습니다. 평상시에 부처를 섬겨도 진실로 이익됨이 없는데 자신이 죽고 난 뒤에 어찌 무슨 이익이 있겠느냐고 따져 묻습니다. 이렇게 절을 짓는 불사나 불교 의례인 재를 두고 유학들과 임금의 실랑이가 끊이질 않았습니다.

《조선왕조실록》 문종 9권, 문종 재위 1년인 1451년 9월 18일자 기록입니다.

사헌부司憲府 집의執義 박팽년朴彭年이 아뢰기를,
신 등이 가만히 들으니, 경기 지방 민간에 악질이 있어 명하여 수륙재를 베풀어 기도한다 합니다. 도대체 수륙재라는 한 가지 일로 어찌 능히 그 병을 낫게 하겠습니까? 청컨대 이를 정지하게 하소서.
하니, 임금이 말하기를,
이것은 내몸을 위하여 복을 구하려는 것이 아니다. 민간에 질병이 있어 인심이 흉흉하고 답답해 하기 때문에 우선 수륙재를 베풀어서 그 마음을 위안하려는 것이다.
박팽년이 아뢰기를,
황해도에서도 일찍이 수륙재를 베풀었으나 지금까지 그 반응이 없습니다. 예로부터 기근이 든 나머지는 모든 게 다 말라 없어지는 법인데, 황해도는 여러 차례 기근을 겪어 굶주리니 악질이 돌았던 것뿐입니다. 여기에 무슨 신에 의한 빌미가 있겠습니까? 지금 경기도 마찬가지니 수륙재는 행할 수 없습니다. 신이 일찍이《고려사》에 보니 "진실로 병사가 있으면 '융만경戎蠻經'을 강한다."는 것을 보고 신은 은근히 부끄러워하였습니다. 그런데 오늘 이 역병을 위하여 수륙재를 연다면 후세에 웃음거리를 주지나 않을까 두렵습니다.

하니, 임금이 말하기를,

똑같은 사람인데 승복을 입고 하면 불사의 일이라 이르고, 유복儒服을 입고 하면 제사라 이르는데, 여제厲祭나 수륙재가 그 신을 섬기는 것은 매한가지다. 비록 여제라도 어찌 그 신의 소재를 알고서 하겠는가. 또 귀신은 만물과 연결되어 한 귀신만 섬기면 여러 신을 두루 제사할 필요가 없이 다 통한다는 것이다. 그러나 옛사람이 이르기를, "거행하지 않은 신이 없다"고 하였으니, 이것 역시 모를 것이, 어느 신이 어려운 것으로서 진실로 지성껏 섬기면 다 통하는 이치가 어찌 여제나 수륙재에만 있겠는가? 만약 수륙재가 이단을 더욱 일으키는 것이 되어 장차 큰 해가 있다면 할 필요가 없지만, 이는 다만 백성들의 뜻에 따라 우선 위안을 주려는 것이다. 대저 병이란 마음으로 말미암아 비롯하는 것이어서 마음에 편안함을 얻으면 병도 또한 간혹 그치게 된다.

하고, 박팽년이 굳이 청하였으나 윤허하지 않았다.

여제는 명나라 예제에 따른 국가 제의입니다. 수륙재와 마찬가지로 원귀의 한을 씻어주고 배불리 먹여서 천도하는 의례지요. 여제만 지내도 충분하다는 말에 문종은 다만 백성들의 뜻에 따라, 수륙재를 열 뿐이라 말합니다. 그리고 또 간혹 병이 그치기도 한다고 눙칩니다. 이렇게 되기까지 문종은 유학들에게 숱하게 시달렸습니다.

문종은 세종의 아들로 재위 기간이 2년 3개월밖에 안됩니다. 하지만 세종은 건강이 나빠지고 8년 정도를 당시 세자이던 문종에게 정사를 맡겼습니다. 문종은 학문을 좋아하고 타고난 성품이 온화하여 신하들의 말을 귀담아 들었던 임금입니다. 하지만 그게 탈이라면 탈이었습니다. 비교적 불교에 호의적이던 세종이 죽고 문종이 즉위하자 유학들은 벌떼같이 일어납니다. 성녕대군을 위해 대자암을 중수하는 일에서부터 효령대군이 회암사를 중창

하는 일, 태조가 지은 진관사 수륙사를 중수하는 일까지 사사건건 불사를 그치라 간합니다. 세종의 천도를 위해 안평대군이 복천사를 고쳐 짓는 일도, 세종의 후비 혜빈이 궁을 나와 집을 짓고 불상을 모시는 일도 모두 아니 될 일이었습니다. 선왕의 천도를 위해 정음청에서 불경을 내는 일 또한 유학들에겐 참을 수 없는 일이었습니다. 유학들은 하루가 멀다하고 불사를 그칠 것을 간합니다.

혹은 가뭄을 만나고 혹은 홍역을 만나서는 중들을 모아 여러 날 동안을 기도했는데도, 하늘은 비를 내리지 아니하고 햇곡식은 결실되지 아니하고 질병도 낫지 않고, 부왕께서는 갑자기 서거하셨으니, 석씨의 음조가 또한 어디에 있었습니까? 이를 옛날에 상고해 보아도 이미 저와 같고, 이를 지금에 증험해 보아도 또 이와 같으니, 부처가 인간 세상에 화복을 줄 수 없음은 환하게 명백하고 자세합니다.

- 문종 즉위 원년 1450년 3월 1일자

평상시에 부처를 섬겨도 진실로 이익됨이 없는데, 자신이 죽고 난 후에 어찌 이익이 있겠습니까?

- 문종 즉위 원년 1450년 2월 27일자

신이 여러 번 상청을 어지럽게 하니 진실로 황공합니다. 부처를 족히 믿지 못할 것은 역대의 성현이 일찍이 다 논하였으니 성상께서도 이미 다 보셨을 것입니다. 신은 원컨대 불사를 정지해 끊으소서.

- 문종 1년 1451년 2월 21일자

하지만 문종은 쉽게 물러서지 않습니다. 선왕을 천도하기 위해 불사를 벌이는 일은 때를 기다려 할 일이 아니었습니다. 불씨의 법을 두고 벌떼같이 날아드는 유학들의 상소에 문종은 묵묵히 답합니다.

그대들의 말이 옳다.
다만 부모를 섬겨 하는 일일뿐
내가 부처를 믿어하는 것은 아니다.

석가모니 부처님이 열반에 드실 때 가섭은 멀리 있었습니다. 뒤늦게 당도한 가섭은 슬피 울었습니다. 그때 부처님은 관 밖으로 두 발을 내어 보이셨습니다.

북한산에서 내려온 산자락이 알을 품듯 겹겹이 감싸 안은 자리에 진관사가 있습니다. 북한산을 다 뒤져봐도 이만한 길지가 없다하여 수륙사를 세운 절. 태조를 비롯하여 태종, 세종, 문종에 성종까지 여러 선왕 선후들이 진관사 수륙재로 천도되었습니다. 불씨의 법 수륙재는 꺼지지 않고 그렇게 조선 500년을 지나왔습니다. 어쨌거나 죽음처럼 공평한 게 없으니 재 또한 무차평등함이 옳습니다. 그리고 2013년 11월, 진관사 국행수륙재는 중요무형문화재 126호로 지정받습니다.

진관사 국행수륙재
한국불교사에서 가장 장엄한 불교의식

진관사 국행수륙재는 1,700년 한국불교사에서 가장 장엄한 불교의식이다. 하지만 일제강점기와 한국전쟁을 거치며 거의 맥이 끊길 위기에 처한다. 다행히 1977년, 자운 스님이 복원하고, 그에 따라 7일 동안 진관사에서 재현된다. 2002년 진관사수륙재연구회를, 2010년에는 사단법인 진관사수륙재보존회를 만들며, 2011년에는 진관사수륙재학교를 부설하여 국행수륙재의 보존과 전승을 위해 애쓴다. 그리고 2013년 11월, 진관사 국행수륙재가 국가중요무형문화재 126호로 지정되기에 이른다.

진관사 국행수륙재는 칠칠재 형식으로, 모두 49일 동안 진행된다. 입재에서 육재까지는 명부전을 중심으로 진행되며 슬프고 외로운 넋을 위해 《법화경》을 독송한다. 마지막 칠재는 절 마당 대웅전을 중심으로 3소 7단을 설치하고 낮재와 밤재로 나누어 이틀 동안 지낸다. 수륙재로 모든 넋을 천도하는 건 물론이고 참여한 대중 모두에게도 공덕이 회향된다.

한바탕 잔치처럼 치러지는 진관사 국행수륙재 절차를 따라가 본다.

낮재

낮재는 시련, 대령, 관욕, 신중작법, 괘불이운, 영산작법, 법문의 차례로 진행된다. 돌아가신 영가 한 분 한 분을 맞아들여 깨끗이 씻기고 영산회상에 모여 부처님 가르침을 듣는 의식이다.

시련

시련소에서 영가를 마중하는 의식이다. 영가를 모시기 위해 가마를 들고 시련소가 차려진 일주문 밖으로 나간다. 이때 가마에 이은 흰 천을 잡고 스님과 대중이 길게 행렬을 이루는데, 계곡과 어우러져 장관을 연출한다.

대령

먼 길 오느라 고단한 영가를 위해 간단한 차와 법문을 대접하는 의식이다. 홍제루 앞에 마련된 대령소에서 진행된다. 대령소에 가마를 내린 뒤 먼저 차와 국수를 올리고 법회에 모시기 전 간단한 법문도 들려준다. 주지 스님이 차를 올린 뒤 대중들도 나아가 각자 소중한 사람을 떠올리며 절을 올린다.

관욕

번뇌와 여정으로 얼룩진 영가를 곱게 씻기고 새옷으로 갈아입히는 의식이다. 관욕소는 대령소 바로 뒤편에 흰 장막을 둘러 차린다. 관욕소 안에는 향탕수가 담긴 대야, 수건, 버드나무 가지로 만든 칫솔, 계란 모양의 난경이라는 거울 등이 준비되어 있다. 영가는 관욕을 마친 뒤에야 비로소 대웅전 부처님을 향해 절을 올린다.

신중작법

영산회상이 열리기 앞서 신중들을 청해서 도량을 청정하게 정화하는 의식이다. 법회가 아무 장애 없이 원만하게 회향될 수 있도록 104위 호법성중에게 부탁한다. 이때 범패에 맞춰 작법을 한다. 작법은 불교의식에서 추는 춤을 가리키는 말로 바라춤 나비춤 법고무 등이 있다.

괘불이운

부처님을 대웅전 밖으로 모시는 의식이다. 석가모니불의 영산법회를 위해 대웅전 앞에 괘불을 내다 건다. 부처님이 밖으로 나오실제 삼현육각에 염불, 작법이 다채롭고 대중은 환호한다.

영산작법

꽃비 내리는 영산회상의 재현의식이다. 괘불이운으로 드디어 영취산 법회 도량이 완성된다. 진관사 대웅전 앞마당에 석가모니불 모시니 거기가 바로 꽃비 내리는 영산회상이다. 웅장하고 화려한 범패와 작법이 펼쳐진다.

법문

부처님의 법문을 듣는 의식이다. 부처님을 대신하여 큰스님을 모시고 법문을 듣는다.

밤재

밤재는 수륙연기, 사자단, 오로단, 상단, 중단, 하단, 봉송회향의 차례대로 진행된다. 낮재가 특정한 어느 영가를 생각하고 지낸 재라면 밤재는 불특정 모두를 위해 올리는 재다. 일체의 부처님, 일체의 보살, 일체의 영가를 청하여 두루 공양하고 회향하는 의식이다.

수륙연기

수륙재가 무엇인가 밝히는 의식이다. 수륙재는 아난과 아귀대왕 면연의 이야기에서 비롯된다. 바늘구멍 같은 목에 커다란 몸, 늘 배가 고플 수밖에 없는 아귀는 그야말로 고통의 대명사다. 고통을 벗어나기 위해선 보시하여 모두 평등하게 나누어 먹는다. 수륙재의 연기설화다.

사자단

수륙재가 열린다고 알리는 의식이다. 일체의 부처님, 보살, 영혼에게 수륙재가 열린다고 소문을 내야하는데, 말을 탄 사자가 그 역할을 한다. 홍제루 아래 마구단을 차리고 사자를 청하여 대접하고, 사자는 돌아가 고한다.

오로단

하늘길을 여는 의식이다. 동·서·남·북·중 하늘의 길이 열리게 다섯 방위 황제를 청한다. 드디어 하늘길이 열리면 이 길을 따라 일체의 부처님, 보살, 영혼이 수륙재에 찾아온다.

상단

불, 보살, 연각, 성문을 청하여 공양을 올리는 의식이다. 상단은 대웅전 앞 괘불 아래 차린다.

중단

천장, 지지, 지장보살을 비롯한 보살을 청하여 공양을 올리는 의식이다. 중단은 명부전 아래쪽에 차린다.

하단

유주 무주 외로운 영가를 청하여 공양을 올리는 의식이다. 하단은 상단 아래쪽에 차린다. 수륙무차평등재의 큰뜻이 가장 잘 드러난다.

봉송회향

떠나보내고 회향하는 의식이다. 단에 올렸던 의물, 방, 위패와 장엄물을 걷는다. 이를 광주리에 담아 이고 일주문 밖에 차려진 소대에 가서 태운다. 그리고 다시 대웅전 앞마당으로 돌아온 사부대중은 한데 어울려 한바탕 잔치를 벌이며 회향한다.

진관사 가는 길

호젓한 역사의

　　뒤안길 따라

1.
한양 서쪽의 대표 사찰

"(전략) 200여 명의 우리 일행의 웃음소리 말소리 노랫소리는 고요히 잠들고 있던 사위四圍의 공기를 흔들어 놓았다. 그림 같은 산야의 경치를 바라보면서 어느덧 진관사에 다다랐다.

진관사는 과연 선경仙境 같다. 창창蒼蒼히 둘러싼 송림松林이 있고 이리저리 흩어져 있는 기암괴석奇巖怪石이 있고 비단결 같이 맑게 흐르는 물결이 있고 처량하게 우는 새소리가 있는 진관사는 참으로 신비롭다. 성신聖神의 그림 같은 무슨 환영幻影이 떠오른다. 모자와 신발을 벗어 던지고 땀나는 발을 아름다운 냇물 속에 잠그고 우거진 숲 사이로 한가한 햇발이 고요히 흐르고 있는 것을 바라보면서 널따란 바위에 몸을 얹고 한가히 앉아서 자연의 위력偉力과 신비에 취하여 묵상黙想하였다.

모자와 신발을 벗어 던지고

아름다운 냇물 속에 잠그고

아, 진관사의 이 대자연! 찾아오는 사람으로 하여금 흉리胸裏에 고원유현高遠幽玄의 명상冥想을 몇몇 번이나 자아내게 하였던고? 다시금 몸을 움직여 돗자리를 청하여 절 대청大廳에 앉아서 진관사의 내력來歷을 일보는 사람에게 물으니 이러하다.

지금으로부터 968년 전 즉, 고려 현종대왕顯宗大王 초시初時 창설創設하였다 한다. 현종대왕후顯宗大王后 모모母 황보皇甫(睦宗大王母)가 적자適子인 목종대왕睦宗大王을 지극하게 사랑하고 서자庶子인 현종대왕을 지극히 미워하였는 바 대량군大良君(顯宗大王 되기 前)을 죽이기까지 하려고 하므로 대량군은 도망하여 진관대사津寬大師를 방문하고 딱한 사정을 말함에 진관대사는 크게 동정하여 와상臥床 밑바닥을 파고 대량군을 숨겨 주었다 한다. 그리하여 대량군은 12세부터 19세까지 이곳에 수학修學하였다 한다.

그 후 목종대왕이 승하昇遐함에 따라 대량군이 현종대왕이 되었다 한다. 이때 현종대왕이 진관대사의 옛 은혜를 생각하시고 진관사를 창설한 것이라 한다. 또한 이태조李太祖께서 무주고혼無主孤魂을 위하여 수륙사水陸社라는 기관機關을 조선朝鮮서 처음 이곳에 두었던 것이라 한다. 지금은 60년간 있는 주지主持 왕산대사(王山大師, 75세)가 있어서 절을 보관하고 있을 뿐인 바 해마다 영도靈渡간다고 한다.

이러고 보니 들려오는 새소리조차 닥쳐오는 수심愁心을 하소연하는 듯이 들린다. 우리는 오후 5시 반, 이 절을 배경으로 기념사진을 찍고 200여 명 여학생의 청아한 목소리로 불러내는 노래로서 수심과 한적에 싸인 진관사를 위안하고 발길을 돌렸다. (하략)"

- 신림申琳, 〈승지행각勝地行脚〉, 《삼천리》 제7권 제1호(1935년 1월 1일)

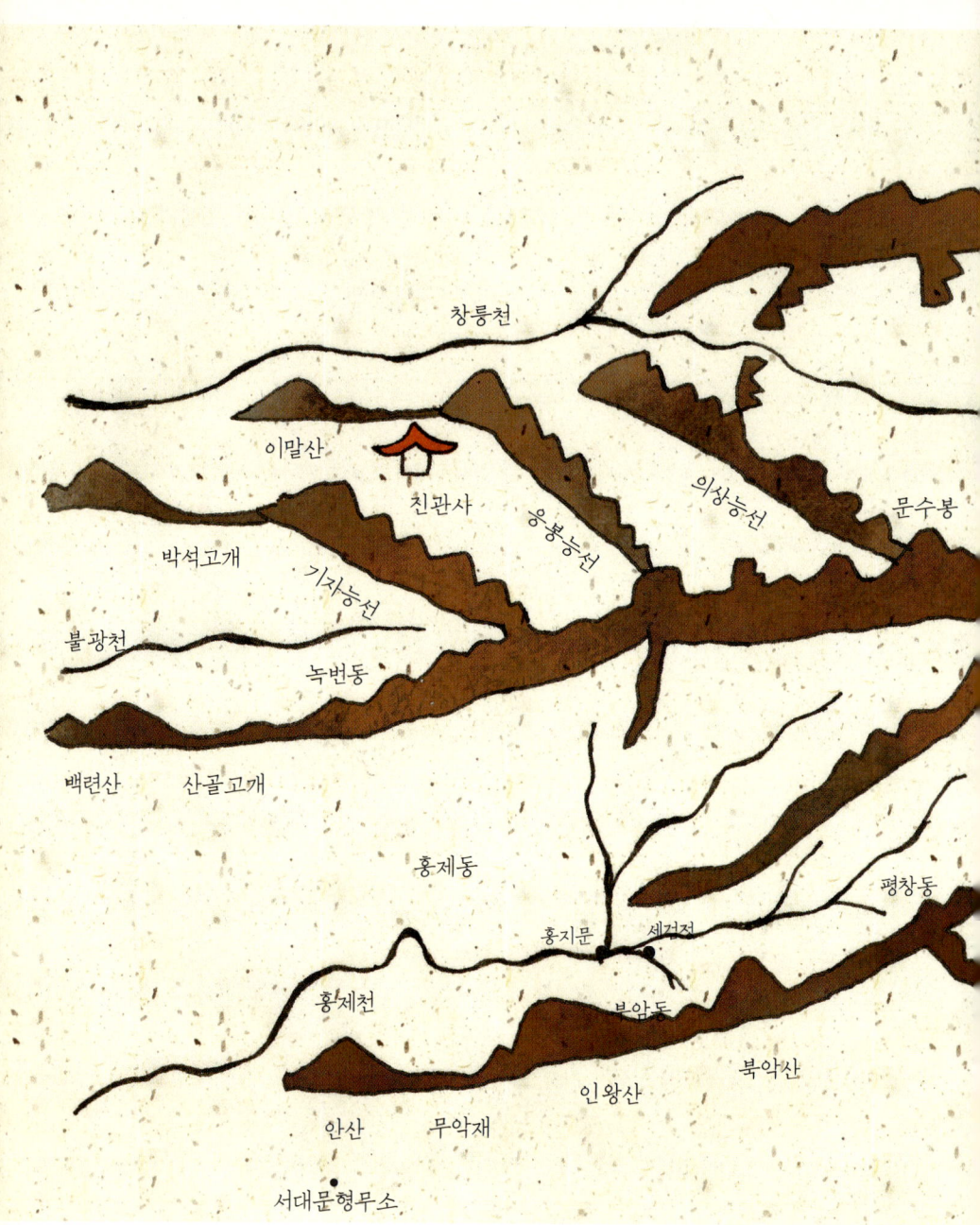

지금으로부터 약 80년 전, 신림申琳이란 사람이 한 여학교 원족遠足을 따라나선 후 그 감상을 당시 김동환, 김동인, 이광수, 한용운, 염상섭, 정지용, 나혜석, 김일엽, 장면 등이 필진으로 참여해서 1-2만 부의 발행부수를 자랑하던 《삼천리》 잡지에 실었다.

"서울에 10여 년 있으면서 아직도 진관사를 구경 못하였던 나는 XX학교 학생들이 원족遠足가는 기회에 동행하게 된 것을 기껍게 생각하였다."라는 감회가 피력되어 있는 것으로 봐서 당시에도 진관사는 서울 사람들이 자주 찾아가던 명소였던 모양이다. 전차를 타고 지금의 독립문 앞에서부터 걸어서 진관사까지 간 것으로 나온다. 왼편으로 서대문형무소를 지나고 무악재를 넘어 홍제원을 지나갔다고 하니 지금의 통일로를 따라서 20리가량을 걸어간 것으로 보인다.

지금으로부터 80년 전, 일제강점기 때면 무악재 너머 홍제동은 전원마을이었다. 서울시민을 상대로 푸성귀나 닭고기를 팔기 위해 남새밭과 양계장이 드문드문 있던 곳이었다. 무악재를 채 내려오기 전 홍제삼거리에서 모래내로 내려가는 길에는 1970년 벽제로 옮겨가기 전 서울시민을 상대로 한 유일한 화장장이 있어서 이곳에서 소설가 김동인이나 천재화가 이중섭도 모두 한 줌의 재로 산화했다.

지금의 유진상가 앞에는 복개되기 전의 홍제천이 흐르고 다리를 건너면 다시 녹번동으로 넘어가는 산골고개가 막아선다. 북한산 탕춘대 능선이 구기터널 위를 지나 서울의 서대문구와 은평구를 가르는 백련산(215미터)까지 흘러내리는 곳에 위치한 고개이다. 더 깊은 산중의 고개를 놔두고 하필 왜 이 고개에 '산골고개'라고 이름 붙였을까 의문이었는데, 고갯마루에 쓰여진 안내석을 보니 전혀 다른 이유가 있었다.

산골고개는 생골生骨고개 혹은 녹번碌磻고개라고도 하는데, 예로부터 이 고개에서 속칭 산의 뼈라고 불려지는 '산골山骨'이 많이 나왔기 때문이라고 한다. 산골은 한자로 녹번이라고 부르는데 입방체의 누르스름한 빛깔을 띠기 때문에 구리로 착각하여 자연동自然銅이라 부르기도 한다. 산골은 뼈에 금이 갔을 때 특효가 있는 접골제요, 또 보혈강장제로 효험이 있다는 소문 때문에 지금도 이 일대에서 산골을 캐어다 약용으로 파는 사람들이 있다.

조선 건국 초 서울도성을 쌓을 때 노역에 동원된 인부들이 돌을 나르다 허리를 다치거나 뼈를 다치면, "산골고개에 가서 산골을 먹고 오라."고 했다는 말이 전해온다.

도성의 동쪽 동대문 밖이 동교東郊요, 서대문 밖을 서교西郊로 불렀지만, 남대문과 서대문 사이 애오개를 넘어 마포 삼개나루로 가는 길은 번화해서 교외라고 부르기에 민망할 정도였다. 그래서 서교라고 할 때 주로 지칭하는 곳이 홍제동부터 연희동, 불광동, 연신내 쪽을 지칭했다.

2.
서울 인근의 4대 사찰

진관사는 오래전부터 이 서교로 원족을 나갈 때 가장 가볼 만한 장소였다. 세검정에 있었던 장의사將義寺는 연산군이 한양 근교의 절을 강제로 폐사시킬 때 폐사되어 복원되지 않았고, 승가사나 문수사는 험한 산길을 올라가야 겨우 닿을 수 있는 곳인데 반해 진관사는 평지로 찾아갈 수 있는 서교의 가장 잘 알려진 큰 절이요 가장 아름다운 절이었기 때문이다.

그래서 예부터 전해오는 말에 북쪽의 승가사, 동쪽의 불암사, 남쪽의 삼막사, 서쪽의 진관사를 한양의 4대 사찰이라고 한다.

"진관사는 과연 선경 같다. 창창히 둘러싼 송림이 있고 이리저리 흩어져 있는 기암괴석이 있고 비단결같이 맑게 흐르는 물결이 있고 처량하게 우는 새소리가 있는 진관사는 참으로 신비롭다. 성신의 그림 같은 무슨 환영이 떠오른다."

– 신림, 〈승지행각〉 중에서

80여 년 전 그곳을 찾은 사람의 눈에 비친 모습이 80년 지난 지금 찾아가 보는 진관사와 크게 다르지 않은 것 같다.

앞서 산골고개를 넘어서면 녹번동을 지나 불광동이 나오고 구기터널을 지나서 내려오는 길과 합쳐진다. 산골고개 넘기 전에 평창동에서 시작되어 인왕산과 비봉능선 사이로 흐르는 하천이 홍제천으로 병자호란 때 청나라에 끌려갔던 여인네들의 아픈 과거를 씻어주던 회절강回節江이다. 반대로 백련산까지 뻗은 탕춘대능선 북쪽에서 기자능선까지의 계곡 물을 모아서 역촌동, 증산동으로 흘러가다가 성산대교 아래서 홍제천과 합쳐지는 하천이 불광천이다.

불광천 북쪽에 난 고개가 박석고개로 산이 고개로 잘리기 전에는 기자능선이 박석고개 왼편 앵봉산을 거쳐 서울도성의 외사산이라는 봉산으로 이어진다. 이 봉산 산줄기는 증산동을 지나 상암동까지 흘러가는 긴 마루금을 이루었다. 서울에서 진관사로 가자면 이렇듯 무악재와 산골고개와 박석고개까지 큰 고개만 세 개나 넘어야 하는 짧지 않은 20리 길이다.

박석고개 너머 삼각산 골골의 물이 모아져 봉산 밖으로 돌아 내려가는 하천이 서오릉 가운데 하나인 창릉(조선 여덟째 왕 예종의 능)에서 이름을 딴 창릉천이다. 창릉천은 고양시 화정동을 지나 행주산성 옆에서 한강과 합류한다.

이렇게 볼 때 도성에서 진관사에 이르는 길에 만나는 것은 고개도 세 개지만 삼각산에서 발원해서 한강으로 스며드는 하천만도 홍제천, 불광천, 창릉천 세 곳에 달하는 짧지 않은 20리 길이었다.

3.
이말산과 구파발

불과 5년여 전 은평뉴타운이 들어서기 직전까지만 해도 구파발역에서 이말산茉莉山을 돌아 진관사로 들어가는 오솔길은 길고도 고즈넉했다. 첩첩한 산중에 자리한 꼭꼭 숨겨진 절이 진관사건만 구파발역 출구로 올라서면 바로 코앞에서부터 '안돼!' 하고 바라보는 것조차 안된다는 듯이 꽉 막아서는 산이 이말산이다.

말리茉莉는 동남아에서 손님이 찾아왔을 때 목에 걸어주는 향기로운 자스민 꽃이다. 예전에 이 산에 그 꽃나무 중에 하나가 많았기 때문에 산 이름을 '말리'를 거꾸로 한 '이말산'으로 붙였다고 한다.

지난 2005년, 이 작고 아담한 이말산 주변에 은평뉴타운이 들어서기 전 문화재 발굴조사가 이루어졌다. 100만 평가량의 면적에서 조선시대 묘터만 5,000기나 발견되었다.

조선시대에 '성저십리城底十里'라는 말이 있었다. 한양도성 밖 10리까지 한성부윤漢城府尹의 통치하는 권역이라는 뜻으로 이곳에는 허가받지 않고는 누구도 묘를 쓸 수 없었다. 한양도성의 서북단 끝이 인왕산이다. 이말산이 인왕산에서 직선거리로 10리에 해당할지 모르지만 심정적인 거리로는 구파발 직전의 박석고개를 한성부의 경계로 삼았던 모양이다.

그러니 꽃향기 물씬 풍기는 이말산은 한양사람들이 가깝게 묘를 쓸 수 있는 최적지가 되었다. 그 결과 앞서의 문화재 발굴조사 당시 뉴타운 부지 전체가 아닌 이말산에만 총 1,746기의 묘터가 발견되었고, 이 가운데는 정조의 동생 은언군恩彦君이나 영조의 외조부 최효원崔孝元 등 왕실 외척은 물론, 명종 때 내시부 상선이었던 노윤천, 상궁 옥구임씨沃溝林氏, 상궁 개성박씨, 상궁 안동김씨 등 좀체 다른 곳에서는 보기 힘든 궁녀들의 묘도 발견되었다고 한다.

이 이말산 서쪽 구파발역에서 문산과 일산으로 갈리는 삼거리쯤에 자리했던 역참驛站이 금암참黔巖站이다. 구파발역 2번 출구 구파발 천주교회 옆에 인공으로 조성된 구파발 폭포자리가 이 지역 지명의 유래가 되었던 금암黔巖이라는 바위가 있던 곳인데, 인공폭포를 조성하면서 사라지게 되었다. 홍제원이 중국의 사신들이 머무는 숙소라고 하면 금암참은 서대문을 나와서 첫 번째 만나는 관료들의 숙소인 셈이다. 여기서 잠도 자고 말을 갈아타기도 해서 근대 이후 이곳을 '구파발舊擺撥'리로 불렀다.

당시 역驛의 설치 기준은 도보로 360보를 1리里로 하고 3,600보인 10리마다 작은 나무장승인 소후小堠를 설치했다. 다시 30리마다 거리와 지명地名을 새겨 넣은 큰 나무 장승인 대후大堠

를 세워서 1개의 역을 설치했다고 하니 아마도 경복궁을 기점으로 이곳이 첫 번째 30리 지점이었던 모양이다.

그런데 재미있는 것은 일제강점기 이전까지는 이 지역을 묶는 면 이름이 신혈면新穴面이었다. 이곳에서 송추로 넘어가는 북한산로를 기준으로 오른편 북한산 쪽이 신혈면이요, 건너 왼편 노고산 쪽이 지도면이었는데 일제강점기인 1914년 4월 1일에 이 두 지역을 합쳐서 신혈면의 '신' 자와 지도면의 '도' 자를 합쳐서 신도면으로 바꾼 것이다.

그러니 일제강점기 이전의 진관사 주소는 '경기도 고양군 신혈면 진관리 진관사'였다. 진관사는 창건 이후 고려시대까지 내내 신혈사로 불렸으니 사실상 '경기도 고양군 진관면 진관리 진관사'인 셈이다. 오래전부터 찾는 사람들에게 깊은 인상을 주어 사명寺名이 거듭 지명으로 정착된 특이한 경우다.

《삼천리》보다 10년 전쯤인 1927년자 《동아일보》에 당시 진관사의 소재지였던 고양군을 소개하는 기사에도, 진관사의 풍경과 진관사의 위상이 "삼각산 내에서 제일이요, 경기도 내에서 1위"라고 소개하는 기사가 보인다.

"신도면 진관외리에 재在한 진관사는 삼각산 서록西麓에 일대거찰一大巨刹로 수석水石이 삼각산경三角山境 내內에서 제일이니 사상寺上에는 폭포瀑布가 청래淸來하고 사하寺下에는 백옥석白玉石이 처처處處에 첩첩疊疊하니 가투만폭可鬪萬瀑이 쟁류爭流요 천암千岩이 경수競秀하는 승지勝地니 거금距今 920년 고려 현종이 진관선사에게 수학受學하사 즉위卽位하신 후後로 차사此寺를 건립建立하시고 선사禪師로 국사國師를 봉封하셨다는데 대웅전大雄殿과 기타其他 전각殿閣이 웅대雄大하기로 기내사찰중일위畿內寺刹中一位를 점占할 만하다고 한다."

- 《동아일보》 1927년 2월 7일자, 순회탐방巡廻探訪, '경기京畿의 수군首郡이오 경성京城의 번병藩屏, 점차漸次 도시화都市化하는 고양高揚'

4.
고려 현종과 신혈사

 그런데 신혈사가 현재의 진관사로 바뀐 때는 언제일까? 그때 지대한 역할을 했다는 진관대사에 관한 기록은 왜 남아 있지 않은 것일까? 후임 왕들인 고려 선종이나 숙종은 신혈사나 승가사까지 방문했다는 기록이 있는데 정작 현종은 왕위에 오른 뒤 한 차례도 신혈사를 방문하지 않았다. 그것은 또 무슨 이유에서일까?

《고려사》나 《고려사절요》에서 소개하는 진관사에 관한 기록은 개성 남쪽에 목종 임금이 자신의 어머니였던 천추태후를 위해 지었다는 진관사眞觀寺에 관한 기록밖에는 없다.

"가을 7월에 도성 남쪽에 진관사眞觀寺를 지어 태후의 원찰願刹로 삼았다."

- 《고려사》 목종 선양대왕 2년(999년)

"진관사眞觀寺에 구층탑을 세웠다."

- 《고려사》 목종 선양대왕 10년(1007년)

이때의 진관사는 한자에서 보듯이 현재 삼각산 아래 진관사津寬寺가 아니라 개성 진관사다. 한자도 다르고, 창건된 시기와 장소도 다르다. 지금의 삼각산 진관사는 고려시대까지는 신혈사新穴寺로만 불렸다. 그렇다면 신혈사는 언제 창건된 사찰일까?

《고려사》에 남아 있는 고려 현종과 신혈사에 관한 이야기는 다음 두 건이 전부다.

"왕이 며칠 동안 내전에 머물러 있으면서 군신들을 만나지 않았다. 재상과 신하들은 두려워하며 침실에 들어가 병환을 살피겠다고 청했지만 왕은 불허했다. 왕은 채충순과 최항만 들여 비밀리에 후사를 이을 것을 논의했다. 이윽고 황보유의를 보내어 신혈사에 있는 대량원군을 맞아오게 했지만, 서경도순검사 강조가 군사를 이끌고 개경에 이르러 목종을 폐위했다. 王累日不豫, 常居於內, 厭見群臣. 宰臣震恐, 請入寢問疾, 不許. 王與蔡忠順·崔沆, 密議立嗣, 遣皇甫兪義, 迎大良院君于神穴寺. 西京都巡撿使康兆, 領甲卒而至, 遂謀廢立."

- 《고려사》 권3 목종 12년(1009년) 1월 16일

"현종 원문대왕. 휘諱는 순詢이며, 자字는 안세安世요, 안종安宗의 아들이다. 어머니는 효숙왕후孝肅王后 황보씨皇甫氏이며, 성종成宗 11년 임진년(992) 7월 1일에 났다. 크게 될 것을 알아보고 12세에 대량원군에 봉했다. 천추태후가 이를 꺼려 강제로 머리를 깎고 처음에는 숭교사에 살게 했다. 이 절 한 스님이 밤에 큰 별이 절 마당에 떨어지더니 용으로 변하고 다시 사람으로 변하는 꿈을 꾸었다. 곧 왕이었다. 사람들은 이를 기이하게 여겼다. 목종 9년 삼각산 신혈사로 옮겨서 살게 했다. 태후가 사람을 보내어 죽이려고 했다. 절에 한 노스님이 있어 방안에 굴을 파고 숨겨주었다. 그 위에는 평상을 깔아 알지 못하게 했다.

하루는 왕이 계곡에 나가 시를 지었다.

백운봉에서 한 줄기 계곡이 흘러 一條流出白雲峯
만리 밖 푸른 바다로 통하나니 萬里蒼溟去路通
바위 아래 졸졸 흐르고 있다고 말하지 마소 莫道潺湲巖下在
멀지 않은 날 용궁에 다다를걸세 不多時日到龍宮

또한, 작은 뱀을 보고 읊기를,

작고 작은 새끼뱀 둘러 있는데 小小蛇兒遶藥欄
몸에 가득 붉은 비단 알록달록하여라 滿身紅錦自斑斕
꽃그늘 아래 있어 그렇다 말하지 마소 莫言長在花林下
하루아침에 용 되기 어렵지 않다네 一旦成龍也不難

다시 꿈을 꾸니 닭 울음 소리, 다듬이 방망이 소리를 들었는데 술사에게 물으니, 이를 풀어 말하길, '닭 울음 소리는 고귀위高貴位요 다듬이 방망이 소리는 어근당御近當이니 이는 필시 즉위하시려는 징조입니다.' 했다. 12년 2월 기축일에 받들어 모시니 연총전延寵殿에서 즉위하셨다."

"顯宗, 元文大王, 諱詢, 字安世. 安宗之子, 母曰孝肅王后皇甫氏. 成宗十一年壬辰七月 壬辰生, 稍長, 封大良院君. 年十二, 千秋太后忌之, 逼令祝髮. 初, 寓崇敎寺, 有僧夢見大星隕寺庭, 變爲龍, 又變爲人, 卽王也. 由是, 衆多奇之. 穆宗九年, 移寓三角山神穴寺, 太后屢遣人謀害. 寺有老僧, 穴地於室而匿之, 上置臥榻, 以防不測. 一日, 王偶題溪水詩曰, '一條流出白雲峯, 萬里蒼溟去路通. 莫道潺湲巖下在, 不多時日到龍宮.' 詠小蛇曰, '小小蛇兒遶藥欄, 滿身紅錦自班斕. 莫言長在花林下, 一旦成龍也不難.' 又夢聞雞聲砧響, 問於術士, 以方言解之曰, '雞鳴高貴位, 砧響御近當, 是卽位之兆也' 十二年二月己丑, 奉迎, 卽位於延寵殿"

— 《고려사》 권4, 현종총서

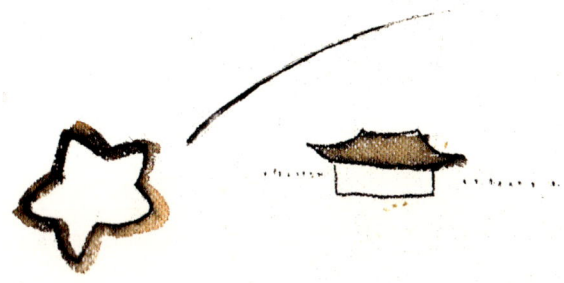

《고려사절요》에는 좀더 구체적인 정황이 나오지만 역시 왕을 중심으로 한 왕위 계승과 신하들의 동태에 초점이 맞춰져 있을 뿐 진관 스님이나 신혈사에 관한 정보는 대동소이하다.

"(전략) 이때에 와서 태후가 아들을 낳으니, 이는 치양과 관계하여 낳은 아이였다. 태후는 치양과 모의하여 왕의 후사로 삼으려 하였으나, 대량군大良君을 꺼려서 강제로 그를 출가하게 하니 대량군이 이때 나이 12세였다. 후에 삼각산三角山 신혈사神穴寺에 거처하였는데, 태후가 몰래 사람을 보내어 해치려고 한 것이 여러 번이었다. 절의 늙은 스님이 방 가운데를 파서 지하실을 만들어 대량군을 숨기고는 그 위에 침상을 놓아 예측할 수 없는 변고를 막았다."

-《고려사절요》 목종 6년(1003)

"(전략) 어느 날 왕이 재추宰樞 채충순을 침실 안에 불러들여 측근의 신하를 물리치고 이르기를, '과인의 병이 점차 회복되어 가는데, 듣기로는 밖에서 왕위를 엿보는 자가 있다고 하니 경이 이를 아느냐?' 하였다. 충순이 대답하기를, '신도 듣기는 하였으나 그 실상은 파악하지 못했습니다.' 하였다. 왕이 베개 위의 봉서封書를 집어 충순에게 내어주니 곧 유충정이 올린 것이었다. 그 봉서에 '우복야 겸 삼사사右僕射兼三司事 김치양金致陽이 분수에 넘치는 일을 엿보아 사람을 보내 뇌물을 주어 깊이 심복을 벌여놓고, 이어 저더러 안에서 응원하여 달라고 청하였는데, 신이 타일러서 거절하였으니 감히 아뢰지 않을 수 없습니다.' 하였다. 왕이 또 봉서 한 통을 집어 주니, 곧 대량군大良君 순詢이 삼각산에서 올린 것이었다. 그 봉서에 '간악한 무리들이 사람을 보내 둘러싸고 핍박하면서 술과 밥까지 주었는데, 신은 독약이 들었는가 의심하여 먹지 않고 까마귀를 주었더니 까마귀가 죽었습니다. 음모의 위급함이 이와 같으니, 성상께서는 신을 불쌍히 여겨 구원해 주소서.(하략)'"

- 《고려사절요》 목종 12년(1009년)

고려 현종이 대량원군 시절 삼각산 신혈사에 와서 살았던 것은 기록에 있지만 신혈사가 언제 창건되었는지, 또 신혈사에서 대량원군을 숨겨준 노스님이 누구인지에 대해서는 전혀 언급이 없다. 나아가 즉위한 현종이 노스님에게 감사해하며 진관사를 창건했다는 이야기나 노스님을 국사에 봉했다는 이야기도 전혀 나오지 않는다.

5.
사굴산문의 고승들과 진관사

　신혈사의 창건에 대한 언급은 같은 삼각산 비봉 아래 승가사의 중수기에서 처음 언급된다. 고려 선종이 승가사를 방문하고 선사 영현 스님에게 승가굴의 중수를 명한다. 이를 숙종 때 완성해서 숙종은 한림학사였던 이예李預에게 기록으로 남기게 한다. 〈삼각산 중수 승가굴기三角山重修僧伽崛記〉가 그것이다. 그곳에 다음과 같은 기록이 남아 있다.

"선사禪師 영현領賢을 보내어 공사 전체를 감독하여 그 일을 완성하게 하셨다. 영현 선사는 바로 신라시대에 이 굴의 주지였던 선사禪師 여철如哲이 창건한 신혈사神穴寺의 처음 조사祖師이며, 왕사王師인 자응子膺의 법윤法胤(불가에서 법통을 계승하는 아들)이다."

- 이예李預, 〈삼각산 중수 승가굴기三角山重修僧伽崛記〉 중에서

1106년에 쓰여진 이 글에 따르면 여철이란 스님이 승가굴의 주지였고, 신혈사도 창건한 것으로 되어 있다. 1090년에 고려 선종이 대각국사 의천을 비롯한 왕실과 고위 관료들을 대동하고 직접 승가사에 올랐다는 내용도 쓰여 있다. 이때 영현領賢이란 스님에게 명해서 승가굴을 크게 중수하도록 이른 것이다.

그런데 왕사 자응 스님이나 신혈사를 창건했다는 여철 스님에 대한 더 자세한 기록이 남아 있지 않아 정확한 신혈사의 창건 연대를 유추하기 힘들다. 다만 최승로가 고려 성종에게 올린 <시무28조> 가운데 제8조에 신혈사 창건주인 여철 스님이 언급되는 부분이 있다.

"살피건대, 성상께서 사자를 보내어 굴산崛山의 중 여철如哲을 맞아 대궐에 들이셨는데, 신의 생각으로는 철哲이 과연 능히 사람에게 복을 줄 수 있는 자라면, 그가 사는 산천 또한 성상의 소유이며 조석으로 먹고 마시는 것 또한 성상께서 준 것이니 반드시 은혜를 갚으려는 마음을 가지고 매양 축원하기를 일삼을 것이지, 어찌 번거롭게 맞아 와야만 감히 복을 베풀겠습니까. 예전에 선회善會란 자가 요역을 피하려고 출가하여 산에 있었는데, 광종이 그를 공경하고 예를 극진히 하였습니다. 그러나 마침내 선회는 길가에서 급사하여 그 시신이 버려진 채 방치되었으니, 그와 같이 범용凡庸한 중은 제 몸조차 화를 당하는데 어느 겨를에 남에게 복을 줄 수 있겠습니까. 청컨대 철을 내쫓아 산으로 돌려보내어 선회가 받았던 기롱을 면하게 하소서."

― 최승로, <시무 28조> 고려 성종 1년(981년)

최승로의 글에서 보면 여철 스님은 사굴산문闍崛山門의 스님이었던 모양이다. 왕이 직접 굴산에 사자를 보내어 대궐로 맞아들였던 것으로 봐서는 고려 초기에 영향력이 컸던 인물로 보인다. 최승로는 유교의 입장에서 불교를 배척하는 내용으로 고려 성종에게 <시무 28조>를 올렸던 것이다.

여철 스님을 언급하는 또 다른 기록이 바로 이규보의 《동국이상국집》이다. 이규보는 여철 스님을 중국의 달마대사와 비교하면서 여철 스님이 태조 왕건에게 비밀 충고를 해서 선불교가 우리나라에 퍼졌음을 증언하고 있다.

"옛날 달마達磨는 사사비구師子比丘(석가모니 부처님)의 묵묵한 전수傳授를 얻어 불등佛燈을 중국 본토에 빛내었고, 우리 예조藝祖께서는 여철대사如哲大師의 비밀 충고로 인하여 선禪의 바퀴를 삼한三韓 전역에 굴렸습니다. 나라의 역사가 오래나 지금까지 받들어 모셨으니, 나로서 촌탁해보건대, 모든 것이 이로 말미암아 널리 뒤 세대에 연장되어 더욱 참된 종풍宗風을 창달한 것입니다."

– 이규보, 《동국이상국집》

여기서는 여철 스님이 고려의 태조 왕건에게 비밀리에 충언을 해서 선불교의 홍포가 이루어지도록 한 당사자로 그려져 있다. 성종이 굴산의 여철 스님을 모셔온 시기(981년)가 고려 개국(918년)에서 63년이 지난 시점이니 왕건에게 비밀 충고를 했던 시기에 최소한 속랍으로 20세는 넘었을 거라 예상한다면 대량원군이 신혈사로 쫓겨간 1006년에는 백수를 훨씬 넘긴 노스님이다. 아마도 대량원군이 신혈사에 머물 때 그곳에 있었던 스님은 여철 스님이 아니라 여철 스님의 문도 가운데 다른 스님이었을 것이다.

구산선문 가운데 가장 컸다고 하는 곳이 굴산사지崛山寺址다. 강릉을 중심으로 범일국사梵日國師께서 선불교를 펼쳐 나갔던 곳이 바로 사굴산문闍崛山門으로 범일국사 이후 사굴산문은 행적行寂과 개청開淸 스님이 양대 문도를 이루어 고려 초 광종과 예종, 숙종 때까지 국사를 배출하며 커다란 영향력을 가지고 있었다. 앞서 태조 왕건에게 비밀리에 충고하여 선禪의 바퀴를 삼한 전역에 굴리게 했다든지, 성종이 '굴산의 여철 스님'을 모셔오도록 했다는 기록으로 볼 때 여철 스님은 사굴산문 출신으로 신라 말, 고려 초기에 선불교 홍포에 지대한 역할을 했던 스님으로 보인다.

공교롭게도 여철 스님 이후 같은 사굴산문 출신이자 고려 광종 대에 크게 흥성했던 법안종 스님으로 개경 일대에서 활동했던 진관석초眞觀釋超라는 스님이 있다. 한자는 다르지만 진관사를 창건했다는 진관 스님과 이름이 같다. 진관 스님에 관해서는 진주 지곡사라는 곳에 <진관선사오공탑비眞觀禪師悟空塔碑>라는 비석에 자세한 기록이 남아 있었는데, 지금은 비석이 사라졌다. 조선 선조의 손자인 낭선군朗善君 이우李俁가 탁본을 떠놓은 것이 <대동금석서大東金石書>에 전하는데, 조선 중기까지는 지곡사에 비석이 남아 있었던 모양이다.

비문에 의하면 진관 스님은 사굴산문의 개청 스님 계보를 잇는 스님으로 태조 왕건이 고려를 개국하기 전인 912년에 중원부 즉, 지금의 충주에서 태어났다. 태어날 때 그 어머니께서 "칠성七星의 상서가 날아 입으로 들어오는 태몽을 꾸고 잉태하여 10개월 만인 10월 15일 옆구리에서 탄생하였다."고 한다. 또한, "날 때부터 다른 아이들과는 완전히 달랐다. 귀는 길어서 어깨에 이르고 손을 아래로 드리우면 무릎을 지나갔다. 네 살 때 이르러 오신채五辛菜는 냄새도 맡지 아니하였다. 비록 화택火宅 중에 있었으나 마음은 언제나 진롱塵籠의 밖으로 벗어나 있었다."고도 전한다.

7세이던 무인세戊寅歲(919년)에 영암산 여흥선원麗興禪院에 가서 법원대사法圓大師를 친견했는데, 법원대사가 "동자童子는 어디에서 왔는가?" 하니, "온 곳으로부터 왔습니다."라고 대답했다. 대사가 빙그레 웃으면서 다시 말하기를, "한 점의 별만한 불덩어리가 넓은 광야를 태운다."라고 하며 또 묻기를, "온 목적이 무엇인가?" 하니, 대답하기를, "원컨대 스님의 건병巾缾을 섬기려고 합니다." 했다. 대사가 이르기를, "좋다. 그렇다면 여기에 있도록 하라." 하시고, 대중을 모아놓고 삭발하여 주었으므로 총림叢林에 있게 되었다.

이후 10년 뒤인 무자년戊子年(929년) 2월에 법천사法泉寺의 현권율사賢眷律師를 계사戒師로 구족계具足戒를 받았다고 한다. 이때부터 사교입선捨敎入禪해서 "강경하는 소리에 귀를 막고 글상자를 덮어 마음을 깨달았다."고 한다.

29세이던 941년에 중국으로 건너가 중국 천태종의 용책효영龍冊曉榮의 문하에서 공부하고 6년 뒤인 947년 귀국했다. 이에 정종 임금은 진관대사에게 홍주興州 숙수선원宿水禪院에서 주지로 살도록 배려했으며, 이후 광종 때인 950년에는 광종 임금의 특별한 신임을 얻어 진주 지곡사로 내려가 지곡사를 고려 초 5대 선종산문의 하나로 자리잡게 했다.

지곡사에서 10년을 머무른 뒤 960년에는 왕이 개경 9대 사찰 가운데 하나인 귀산선사龜山禪寺를 지어 헌납하니 주석처를 그곳으로 옮겼다. 이후 다시 개경의 광통보제선사廣通普濟禪寺로 이주하니 1천 명의 승도가 모여들 만큼 큰 교세를 자랑하다가 964년에 세랍 53, 승랍 38세로 열반에 들었다.

마지막으로 법상에 올라가서 다음과 같은 법문을 남기고 단정히 앉아서 입적했다고 한다.

"생겨남이 없는 자가 참다운 근본이요, 떠나감이 없는 것이 바로 법신法身이다. 멀리 고금古今을 살펴보니 스스로 표탕漂蕩하였다. 섶이 다 타면 불이 꺼지고 거울이 경갑鏡匣 속에 감추어지면 따라서 영상影像도 사라지니 누가 거래去來할 것인가. 자체는 조금도 손익損益이 없는 것이다. 고인古人이 일러준 말씀을 내가 떠난 후에 부처님의 유칙遺勅과 같이 지키고 망녕되게 식종飾終의 의식을 번거롭게 하지 말라."

하지만 진관 스님도 912년에 출생하여 964년에 열반에 든 것으로 볼 때 신혈사를 창건했다는 여철 스님과 같이 대량원군이 천추태후에게 쫓겨와 신혈사에 머물렀던 1006년경에 그곳에 있던 스님은 아니다.

다만 당시 왕권과 밀접한 관계를 유지하면서 개경과 남경(지금의 서울) 지역, 특히 삼각산 신혈사와 승가사 일대의 사찰을 관장했던 사굴산문의 유력 스님이었던 점은 확실하고, 입적 후 40년 정도가 지난 시기에 대량원군이 신혈사에 머물렀다면 그때 있었던 신혈사 스님들에게 많은 영향을 끼쳤던 스님이었으리라는 추측은 가능할 것 같다.

현종 즉위 후 3년째 되는 해에 다음과 같은 기록이 보인다.

"가을 7월에 말씀하시기를, '내가 사천에 머무를 때 언효彦孝, 효질孝質 두 사람이 있었는데, 좌우에서 부축하고 지탱해줬다. 일찍이 그 공로를 드러냈어야 하나 이제라도 땅을 하사하여 그 공로를 상 주려 한다.'"

- 《고려사》 현종 3년 7월

이제 겨우 강조의 입김에서 벗어나 스스로 왕권을 행사할 때다. 오래전 아버지인 안종 왕욱을 따라 사천에 내려가 살 때 보살펴줬던 사람들에게 보답을 한 것이다.

마찬가지로 현종이 즉위하고 처음으로 왕사나 국사로 모신 스님은 누구일까? 10여 년이 지난 어린 시절의 기억을 되살려 사천의 두 사람에게 상을 내린 것과 같이 목숨을 구해준 스님에게도 유사한 조치를 내리지 않았을까?

사천의 두 사람에게 상을 주던 해인 현종 3년에 현종이 즉위 후 처음 왕사로 모신 스님은 원공국사 지종 스님(930-1018)이다. 지종 스님은 원주 부론면에 있는 거돈사지에 탑비가 모셔진 스님으로 중국 법안종의 제3대 조사였던 영명연수永明延壽 스님 아래서 10년 간 공부하다가 귀국했던 스님이다. 법안종은 선종임에도 교외별전敎外別傳, 즉, 경전 이외에 은밀하게 따로 심법으로 전한다는 논리에 반대했던 종파다. 오히려 교와 선이 다르지 않음을 적극적으로 주장해서 교선일치를 주장했다.

여주 고달산의 원종국사元宗國師 찬유璨幽 스님이나 봉암사의 정진국사靜眞國師 긍양兢讓, 도봉산 망월사의 혜거국사惠居國師, 영소선사靈炤禪師, 안성 칠장사의 혜소국사慧炤國師 정현鼎賢, 동화사의 영조선사靈照禪師 등과 더불어 앞서 진관석초 스님도 이 법안종에 속한 스님이다.

그런데 사천에 있을 때 도움을 준 두 사람의 이름을 보면 벼슬아치나 일반 백성의 이름이 아니고 스님의 법명 같은 느낌이 든다. '언효彦孝, 효질孝質'이다. 진관 스님이 고려 광종의 특별한 명으로 진주 지곡사에 머물렀다고 했는데 진주와 사천이 이웃한 지역이요, 진관 스님의 상좌들의 법명이 '선비 언彦'자를 쓴다는 것도 예사롭지 않게 보인다. 진관대사 비문의 뒷부분에 상좌들의 이름이 열거되어 있는데 다음과 같다.

"그의 제자 징경대사澄鏡大師 언충彦忠은 원주原州 문정원文正院의 주지이고, 언흠彦欽은 지곡사智谷寺 주지, 언연彦緣은 광주廣州 흑석원黑石院 주지, 언국彦國은 태백산太白山 각돈원覺頓院 주지, 현광玄光은 복암원福巖院의 주지로 각각 있었고, 그 외에는 남북으로 다니면서 선지식을 참심參尋하거나 임천林泉에 은둔하여 인연이 있어도 따르지 아니하였으니 이미 가고 돌아오지 않는 자들은 일일이 다 기록할 수 없다."

– 왕융王融, 〈진관선사오공탑비眞觀禪師悟空塔碑〉 중에서

기록상에 보이는 유일한 '진관 스님'은 964년에 이미 열반에 들었지만, 스님이 속한 법안종의 여러 스님들과 그 제자들 대에서 현종과 인연이 닿게 되고 현종이 천추태후의 위협을 벗어나 즉위하는 데 실질적인 도움을 준 것이 아닐까 유추하게 된다.

6.
현화사와 법상종 그리고 대지국사 법경

고려 현종의 즉위는 강조康兆의 반란에 의한 것이었다. 이는 곧 거란에게 침략의 빌미가 되어 현종은 즉위 후 10여 년 동안 두 차례의 거란 침입을 막아내야 했다. 강조는 목종을 폐위시킨 후 파주 적성에서 독약을 먹여서 죽이고 김치양과 그 세력도 모두 죽이거나 귀양을 보낸 후 자신이 직접 섭정을 한다.

열여덟의 나이에 왕위에 오른 현종은 이후 강조가 거란군에 포로로 잡혀가서 죽기 전까지 실권 없는 어린 왕에 지나지 않았다. 1010년 거란의 침입에 맞서 강조가 30만 대군으로 수도 개경을 지켰으나 강조는 생포되어 거란에 압송되고 개경도 함락 당하게 된다. 현종은 나주까지 몽진을 가면서 여러 차례 죽을 고비를 넘겼다.

이때 임신한 첫째부인 원정왕후 김씨도 공주성에서 버리고 도망갈 만큼 다급한 상황이었지만 피난길에서 안산지방의 호족인 김은부의 딸이자 인주 이씨 이허겸의 외손인 원성왕후 김씨와 다시 혼인을 한다. 이후 김은부의 두 딸을 더 왕후로 받아들여 지금의 인천과 안산을 비롯한 삼각산 남쪽 남경 일대의 호족으로 자리잡았던 인주 이씨와 안산 김씨가 중앙정계로 진출하는 계기가 만들어지게 된다.

강조의 실권 이후 현종은 친정을 하게 되지만 거란의 침입은 중앙정부의 존재를 미미하게 만들었다. 지방에 군웅할거하고 있는 호족들 가운데는 현종을 죽이려고 하는 자들도 있었다. 이때 왕권을 강화하도록 도움을 준 세력이 바로 삼각산 남쪽에서 강력한 세력을 가지고 있었던 인주 이씨 세력이었다.

대량원군 시절 천추태후와 김치양의 거듭된 살해기도에서 도움을 준 사람이 삼각산에 있던 스님들이라면, 왕위에 오른 후 거란의 침입에서 흔들리는 왕권을 사수해 준 세력은 인주 이씨 가문이었던 것이다.

인주 이씨 가문은 신라시대 경주 왕실이나 귀족들이 화엄종에 경도되었던 것과 달리 상대적으로 지역에 뿌리를 내렸던 법상종을 후원하는 호족이었다. 법상종은 당나라 현장 스님과 그 제자인 규기窺基 스님에 의해 세워진 종파다. 화엄종이 진리의 성품〔性〕을 추구한다면 법상종은 진리의 상〔相〕을 연구한다는 점에서 교리체계가 크게 다르다. 특히 법상종은 정교한 철학체계인 유식학唯識學에 바탕을 두고 있으며, 신라 말 법상종의 대표 스님인 진표율사의 미륵사상을 계승하고 있기도 했다.

신라 말에서 고려 초기까지 법상종은 눈에 띄는 움직임을 보여 주지 못하다가 바로 현종 때 현화사를 창건하면서 크게 융성하게 된다. 현화사는 현종 9년에 아버지인 안종 왕욱과 어머니인 헌정왕태후 황보씨를 위해 창건한 사찰로 거란과의 전쟁을 마치고 나자마자(1018년) 현종이 가장 공을 들여서 창건한 사찰이다.

현종의 아버지 왕욱은 왕건의 여덟 번째 아들이다. 경순왕이 왕건에게 신라를 바치자 왕건이 신라 종실과 혼사를 원한다고 하자 경순왕이 자신의 사촌 누이였던 신성왕후 김씨를 보내게 된다. 그 사이에서 난 외아들이 왕욱이다.

현화사를 창건함과 동시에 그곳에 처음 주석한 스님이 대지국사大智國師 법경法鏡 스님이다. 법경 스님은 현종이 즉위해서 원종국사 지종에 이어 두 번째로 왕사(현종 11년, 1018년)가 된 인물로서 진관사 인근 삼천사의 주지였던 스님이다.

본래 삼천사가 있던 자리는 의상능선 증취봉 아래다. 지금은 그곳에 석축과 전각의 주춧돌만 보이고 대지국사의 탑비를 지고 있던 돌거북이와 상단 이수부분만 남아 있다. 비석의 몸돌은 조각을 맞춰보기도 힘들 만큼 산산조각이 났는데 누군가에 의해서 깨뜨려진 것으로 보인다.

조선시대 북한산성을 쌓을 때 도총섭을 맡았던 계파성능桂坡聖能 스님이 1745년(英祖 21년)에 출간했던 〈북한지北漢誌〉에도 삼천사는 이미 폐사가 된 걸로 나온다.

"소남문 밖에 있다. 지금은 폐사되었다. 고려 이영간이 지은 비가 있다. 원효화상과 진관조사가 이 절 및 진관사를 세웠다. 각기 큰 석조가 있다. 이는 당시 목욕하던 그릇이라 한다. 在小南門外今廢 有高麗李靈幹所撰碑 元曉和尙與眞寬祖師建此寺及津寬寺 … 皆各有大石槽一 是其時沐浴之器云."

- 성능, 〈북한지〉

그런데 북한지의 기록에서 눈여겨 볼 만한 구절이, "원효화상과 진관조사가 이 절과 진관사를 세웠다元曉和尙與 眞寬祖師 建 此寺及 津寬寺."는 대목이다. 사찰명은 지금처럼 '진관사津寬寺'로 썼지만 창건주 명은 '진관조사眞寬祖師'로 쓴 것이다. 단순한 오기誤記로 치부하기엔 깊은 의미를 간직하고 있다고 보인다.

어찌 되었든 고려 현종 당시 두 번째 왕사로 모셔진 법경 스님은 신혈사 인근 삼천사 주지요, 이 지역의 실력자였던 인주 이씨 가문이 후원하는 법상종 사찰의 주지였다. 그리고 현종이 실권을 잡자 가장 공들여 불사했던 개성 현화사의 초대 주지로 모셔지기도 했다. 법상종은 고려 현종 이래 교세가 가장 활발했다. 그 중심에 현화사와 법경 스님이 있었다.

법경 스님 이래 현화사의 역대 주지는 안성 칠장사의 혜소국사 정현鼎賢, 원주 법천사의 지광국사 해린海麟을 비롯해서 영념, 소현, 천상, 덕겸, 각관 스님 등이 이어 맡았는데, 뒤에 인주 이씨의 세도가였던 이자겸의 아들로 이자겸의 난에 적극적으로 가담하는 의장義莊도 현화사에 몸담고 있던 승려로 현화사 승려 300여 명을 이끌고 이자겸을 도운 것으로 알려진다. 이를 볼 때 앞서 선종인 법안종과 인물과 사찰이 많이 겹치는 점을 알 수 있다.

7.
인주 이씨의 몰락

현종 때부터 법상종과 삼각산 일대 사찰들에 대한 왕실의 관심이 크게 증대되어 고려 선종은 문무백관을 모두 대동하고 삼각산 승가사를 찾아오기도 하고 역대 왕들도 이 일대의 사찰을 방문해서 각종 불사를 지원해왔다. 이는 현종의 보은報恩 차원이기도 했지만 고려 왕실을 지탱하는 막후 실력자 인주 이씨 가문의 입김이 작용했기 때문이기도 했다.

인주 이씨가 중앙정계에 발을 붙이게 된 것은 이허겸李許謙의 세 명의 외손녀가 모두 현종의 왕비가 되면서 시작되었다. 현종의 뒤를 이어 왕위에 오른 덕종, 정종, 문종도 모두 현종과 이때 왕비가 된 왕후들 사이에서 낳은 아들들이었으며, 이허겸의 손자 이자연李子淵은 다시 세 명의 딸을 모두 문종에게 시집을 보내 그 사이에서 순종과 선종이 탄생하게 되면서 외척으로서의 영향력을 더욱 공고하게 다진다.

또한 순종과 선종도 왕비 여섯 명 중 네 명을 인주 이씨 가문에서 받아들이게 됨으로써 이자연의 손자인 이자겸李資謙 때 가서는 뒷날 최씨 무신 정권 때에 버금하는 권력의 일인 집중시대를 가져왔다. 고려 현종 이래로 무려 열 명의 왕이 바뀌고 100년이 넘는 기간 동안 권세를 누렸던 것이다.

문종의 아들이었던 순종이 즉위 3개월 만에 죽고 선종, 헌종, 숙종, 예종으로 왕위가 양위되면서 인주 이씨의 중시조인 이허겸의 고손高孫인 이자겸이 예종의 장인으로 권력의 핵심이 되어 있었다. 그러던 1122년이었다. 예종이 종양으로 병석에 눕게 된 지 한 달 만에 죽게 된다. 왕실 종친들은 아직 어린 예종의 아들보다는 예종의 아우들 가운데 왕위를 물려받도록 압력을 행사했지만 이자겸은 예종의 유언을 앞세워 손자인 인종을 등극시키는 데 성공하고, 나아가 예종에게 이미 시집보냈던 자신의 두 딸을 다시 인종에게 출가시켜서 권력을 유지하는 장치로 삼았다.

14세 어린 인종이 왕위를 이으면서 이자겸은 섭정으로 절대권력을 차지하게 된다. 인종은 외할아버지인 이자겸의 영향력 아래 아무런 결정권한이 없는 왕으로 전락했으나 이자겸의 정적들과 모의하여 이자겸을 몰아낼 기회를 엿보고 있었다.

1126년 음력 2월, 마침내 인종의 측근인 내시지후內侍祗侯 김찬金粲과 내시녹사內侍綠事 안보린安甫麟 등이 이자겸과 그의 사돈인 척준경拓俊京 등을 주살할 것을 인종에게 상주하자 인종은 이를 승낙한다. 인종의 명을 받은 최탁과 오탁, 권수 등이 군사를 이끌고 궁궐로 진입하고 지녹연, 고석 등이 호응하여 대궐을 장악했지만 척준경의 군대와 더불어 현화사 승려 300명이 이자겸의 아들 의장義莊의 지휘 아래 대궐로 몰려와서 거사는 실패하고 만다.

이 일로 인종은 오히려 왕위를 양위하겠다는 조서까지 내리게 되고 이자겸의 집에 유폐되기에 이른다. 이자겸은 스스로 왕위에 오르기 위해 인종을 독살하려고 했지만 번번히 자신이 인종에게 재가를 보낸 넷째 딸의 기지로 모면하게 되고, 사돈인 척준경과 갈등의 골이 깊어가던 중 인종과 내통한 척준경의 배신으로 길고 길었던 인주 이씨의 세도정치는 마감하게 된다.

현화사는 방탕했던 인종의 아들 의종이 환관이나 문신들과 어울려 놀던 놀이터로 전락하게 되고, 고종 때는 안종과 현종, 강종의 신위를 현화사에서 숭교사로 옮기기까지 했다. 현종 이래로 왕실의 귀의처가 되어 왔고, 인주 이씨 호족이 대대로 삼각산 이남의 넓은 지역을 경영하면서 결국 개경의 왕권까지 넘보던 교두보였던 삼각산과 그 일대 사찰들, 진관사와 삼천사와 승가사 등은 이때를 기화로 함께 쇠락해간 것으로 보인다.

8.
수륙도량 진관사

고려 때까지 《고려사》나 《고려사절요》 등의 기록에 신혈사로 남아 있다가 처음 진관사라는 명칭이 나오는 때가 조선 초기다. 태조 이성계가 한양으로 천도했던 해가 조선을 건국하고 두 해 뒤인 1394년이다. 그로부터도 3년이 더 지난 태조 6년(1397년) 1월 28일, 태조 이성계가 직접 진관사로 거둥한다. 그해 9월에 또 한 차례 진관사를 찾고, 다음해인 1398년 1월 6일 처음으로 진관사에서 수륙재를 베푼다.

"상上이 내신內臣 이득분李得芬과 사문沙門 조선祖禪 등에게 명하여 말하기를, '내가 국가를 맡게 됨은 오직 조종祖宗의 경사가 쌓인 것에 의지해 나온 것이므로 조상의 덕을 보답하기 위하여 힘쓰지 않아서는 안된다. 또 신하와 백성 중에 혹은 왕사王事로 죽고 혹은 스스로 죽은 자 가운데 제사를 맡을 사람이 없어 저승길에서 굶주리고, 엎어져도 구원하지 못함을 생각하니, 내가 매우 근심한다. 옛 절에도 수륙도량水陸道場을 마련하고 해마다 재회齋會를 개설하여 조종의 명복을 빌고 또 중생을 이롭게 하려 하니, 너희들은 가서 합당한 곳을 찾아보게 하라.' 하였다."

- 권근, 〈진관사 수륙사 조성기〉 중에서

진관사에서 수륙재를 베풀게 된 이유가 두 가지로 정리된다. 첫째는 임금의 조상들의 명복을 비는 일이고, 두 번째는 신하와 백성 중에 제사를 맡을 사람이

없는 경우에 이를 천도하기 위해서였다. 그런데 왜 하필 진관사에서 수륙재를 지내게 되었을까?

"사흘째 되는 정축일에 이득분 등이 서운관書雲觀의 신하 상충尙忠, 양달陽達, 사문 지상志祥 등과 함께 장소를 찾아 삼각산에서부터 도봉산道峰山까지 둘러보고 복명하여 말하기를, '여러 절 중에 진관사津寬寺만큼 좋은 곳이 없습니다.' 고 하니, 여기서 상上이 명령하여 도량을 이 절에 설치하게 하였다."

— 권근, 〈진관사 수륙사 조성기〉 중에서

서운관이라면 고려시대 이래로 천문, 지리, 역학, 측후測候 등의 업무를 맡아보던 관청이다. 이곳의 전문 관료들과 지상志祥이라는 스님까지 동원되어 삼각산과 도봉산 일대를 훑어보고 얻은 결론이 '진관사만큼 좋은 곳이 없다' 였다.

고려 충숙왕 때의 일이다. 《서운관비기書雲觀秘記》라는 책이 암암리에 돌아다녔는데 거기에 '이왕도한양李王都漢陽'이란 설說이 쓰여 있었다고 한다. 나라 안에서 천문과 지리와 역학을 가장 잘 꿰뚫고 있는 전문가 집단에서 한양에 이씨 성을 가진 사람이 도읍을 할 것이라는 예언을 한 것이나 당시 충숙왕은 고민이 깊었다고 한다.

충숙왕은 크게 걱정해서 한양에 남경부南京府를 설치하고 이씨 성을 가진 사람으로 부윤府尹을 삼으며, 삼각산 아래에 배나무(李樹)를 많이 심어서 그것이 무성해지면 지기地氣를 누른다는 의미로 벌목해서 이곳의 지명이 벌리伐李가 되었다. 지금의 도봉구 번동이 바로 벌리에서 번리로, 다시 번동으로 변해서 정착된 지명이다.

그런데 한양에 이씨 성을 가진 사람이 도읍을 한다는 이야기는 그전에도 있었다. 고려 초부터 도참설이 유행했는데 이 도참설에서 유래된 파자점破字占 가운데 '십팔자가 왕이 된다' 는 말이 있었다. 고려 현종 이래 열 명의 왕이 바뀌는 동안 한양에 근거를 둔 호족 인주 이씨 가문의 이자겸은 십팔자는 곧 이李 자를 파자破字한 것으로 자신이 왕이 된다는 것을 의심하지 않았다.

결국 사돈인 척준경의 배신으로 영광 법성포로 유배를 갔지만 자신이 왕이 될 거라는 확신은 조금도 변하지 않아서 그 당시만 해도 잘 알려지지 않았던 생선인 마른 조기에 '굴비屈非' 라는 이름을 붙여서 자신을 귀양 보낸 인종에게 선물로 진상하기도 했다. '자신의 뜻을 절대로 굽히지[屈] 않겠다[非]'는 뜻이었다.

진관사에 수륙사를 지은 것은 어쩌면 필연이다. '이왕도한양李王都漢陽' 설이나 '십팔자가 왕이 된다'는 파자점이나 결국 이성계의 역성혁명에 정당성을 부여해 주는 전래의 예언들이요, 앞서 그 예언을 철석같이 믿다가 죽은 이자겸 가문의 원찰 가운데 하나였을 진관사는 쫓겨난 왕씨들이나 성공한 이씨들과 더불어 실패한 또 다른 이씨까지도 넋을 달래 줄 최상의 기도처였을 것이다.

"그리고 대선사大禪師 덕혜德惠, 지상 등에게 명하여, 승려들을 소집해서 공사를 진행하게 하였는데 내신內臣 김사행金師幸이 더욱 힘썼다. 그 달 경진일에 역사를 시작하였으며 2월 신묘일에 임금이 친히 와서 구경하고, 3단壇의 위치를 정하였으며 3월 무오일에도 거둥하여 구경하였다. 가을 9월에 이르러서 공사가 끝났다. 3단이 집이 되었는데 모두 3칸이며 중, 하의 두 단은 좌우 쪽에 각각 욕실浴室 3칸이 있고, 하단 좌우쪽에는 따로 조종의 영실靈室 8칸씩을 설치하였다. 대문, 행랑, 부엌, 곡간이 갖추어지고 시설되지 않은 것이 없으며 모두 59칸인데 사치하지도 않고 누추하지도 않아 제도에 맞았다."

− 권근, 〈진관사 수륙사 조성기〉 중에서

3단으로 조성된 59칸의 집을 짓는 공사를 1월에 시작해서 9월에 마쳤다고 한다. 9개월 동안 태조 이성계는 세 차례나 방문해서 직접 3단의 위치를 지정해 주는 등의 깊은 관심을 보였다고도 전한다.

새 왕조를 열면서 필연적으로 몰아낼 수밖에 없었던 왕조와 그 신하들과의 화해와 용서의 손짓이 수륙도량 진관사에 배어 있다. 백성 가운데 스스로 죽은 자들까지도 나라에서 명복을 빌어주는 화합과 소통의 정신이 수륙재의 전통 속에 녹아 있기도 하다.

진관사 가장 깊은 곳, 원만하게 웅크린 응봉 아래 자리했던 나라 제사터, 수륙사 터를 거닐면, 고려 500년, 조선 500년의 긴긴 역사가 서로 만나는 모습이 그려지기도 한다. 잘 차려진 상을 앞에 두고 고려의 왕도 조선의 신하도 이제는 함께 향내 맡고, 함께 음복飮福하며 아침저녁 비구니 스님들이 들려주는 독경 소리 마음 평안하게 새겨듣는 복받은 영혼이 되어 있다.

觀世音菩薩

코드 블루

1. 꼭꼭 숨어라

옛날, 옛날에 삼각산 골짜기에 신혈사라는 절이 있었습니다. 그 절에는 늙은 스님이 살고 있었지요. 그런데 어느 날 어린 왕순이 찾아왔습니다. 왕순은 태어나자마자 어머니를 잃고, 아버지도 곧 잃었습니다. 어린 왕순은 이모에게 의탁할 수밖에 없었지요. 왕순의 이모 천추태후는 욕심이 많은 사람이었습니다. 천추태후는 아들 목종에게 후사가 없자 자기의 또 다른 아들을 왕으로 앉히기 위해 어린 왕순을 승려로 만들었습니다. 천추태후는 왕순을 승려로 만들어 신혈사로 내보낸 뒤에도 안심할 수 없었습니다. 천추태후는 어떡하든 왕순을 죽여야겠다고 마음먹었습니다.

깊은 밤, 깊은 산중에 서걱서걱 풀섶 밟는 소리가 났습니다. 왕순은 벌써 사색이 되어 덜덜 떨었습니다. 늙은 스님은 법당 마루를 들어내고 왕순을 숨겼습니다. 마루를 덮고 그 자리에 침상을 놓으니 감쪽같았습니다. 늙은 스님은 태연하게 염불을 했습니다.

꼭꼭 숨어라 머리카락 보일라
꼭꼭 숨어라 머리카락 보일라

득달같이 달려든 자객은 허탕을 치고 말았습니다.

하루는 보살이 떡과 술을 이고 신혈사에 찾아왔습니다. 그때 늙은 스님은 미리 알고 왕순을 깊은 산중에 숨겨두었습니다.

왕순 스님을 위해 궁궐에서 가져온 음식입니다.

스님은 어디에 계십니까?

그 스님은 산에 갔소.

그러면 올 때까지 기다렸다가 드시는 걸 보고 가겠습니다.

언제 올지 모르오. 나중에 꼭 드릴 테니 걱정 말고 가오.

보살은 꼭 그렇게 하라 몇 번이나 당부를 하고 갔습니다. 늙은 스님은 보살이 가져온 떡과 술을 마당에 버렸습니다. 그런데 까막까치가 날아와 그 떡을 주워 먹고는 바로 죽고 말았습니다. 늙은 스님은 염불했습니다.

나무아미타불 관세음보살

나무아미타불 관세음보살

한밤중 법당 마루 밑장에 숨고, 험한 산중에 숨어 죽을 고비를 넘긴 왕순은 나중에 왕이 되었습니다. 바로 고려 현종이지요. 왕순은 목숨을 구해준 늙은 스님을 위해 너른 터에 절을 짓고 진관사라 불렀습니다. 늙은 스님의 법명을 따서 그리했다는, 진관사에 내려오는 사찰연기입니다. 목숨을 지켜준 인연으로 세워진 진관사, 왠지 숙연해집니다. 저승은 아직 미지의 세계, 누구라도 코앞에 닥친 죽음은 두렵습니다.

2. 인생은 얼마나 깊은 것이냐

아버지 어머니는
고향 산소에 있고

외톨배기 나는
서울에 있고

형과 누이들은
부산에 있는데

여비가 없으니
가지 못한다.

저승 가는 데도
여비가 든다면

나는 영영
가지도 못하나?

생각느니, 아,
인생은 얼마나 깊은 것인가.

– 천상병, 〈저승 가는 데도 여비가 든다면〉, 1987

"나 하늘로 돌아가리라. 아름다운 이 세상 소풍 끝내는 날, 가서 아름다웠더라고 말하리라…" 이렇게 노래하는 시인이 살았습니다. 시인은 스스로 세계에서 제일 행복한 사나이라고도 했습니다. 대학도 다녔고 시인이기도 하니 명예욕도 충분하고 아이가 없으니 뒤를 걱정할 필요도 없고, 막걸리를 좋아하는데 이쁜 아내가 막걸리도 다 사 주니 아무런 근심 걱정 없이 행복했지요. 그런데 문득 천진스런 시인은 이런 생각이 들었습니다. 저승 가는 데도 여비가 든다면, 여비가 든다면 나는 영영 가지도 못하나… 아, 인생은 얼마나 깊은 것인가… 시인은 상념에 잠겼습니다.

역시 시인은 행복한 사람이었습니다. 어느 날 훌쩍 저승으로 떠나 버렸으니까요. 그때 시인에게 여비가 있었는지, 정말 하늘로 돌아갔는지 그건 아무도 모릅니다. 그건 저승의 일이니까요.

그렇지만 한 가지는 분명합니다. 죽음을 생각할 때, 인생은 깊어집니다. 저승 가는 여비를 걱정하는 시인도 한숨처럼 토해냈지요. 아, 인생은 얼마나 깊은 것인가.

아주 오래전부터 사람들은 죽음을 생각하며 삶을 생각했습니다. 그리고 삶과 죽음에 대하여 수많은 상상을 했습니다. 때로는 종교에 기대어, 때로는 철학적 사유로, 또는 설화의 틀을 빌어 이야기를 만들어 냈습니다. 옛길을 따라 두루 여행을 떠나려 합니다.

여기서 잠깐, 신발 끈 매조지듯 먼저 만나는 이야기 하나.

깃발을 보고 두 사람이 서로 다투고 있었습니다.

저건 깃발이 흔들리는 것이다.
아니다. 바람이 흔들리는 것이다.

두 사람은 스승을 찾아가 시비를 가려달라고 했습니다. 그러자 스승은 이렇게 말했지요.

깃발이 흔들리는 것도 아니고 바람이 흔들리는 것도 아니다.
다만 너희들 마음이 흔들리는 탓이다.

3. 꽃상여 가는 길

저승길이 멀다더니 대문 밖이 저승이고,
황천길이 멀다더니 건너 안산이 저승이네.

상여노래입니다. 상여는 죽은 이를 저승으로 태워 보내는 가마. 죽은 이는 상여에 타고 산 이는 상여를 매고 주거니 받거니 노래를 부릅니다. 지방마다 조금씩 다르지만 별반 차이는 없습니다.

앞산도 첩첩하고 뒷산도 캄캄헌디 혼은 어디로 가셨네
그려 쉽게 가시려거든 당초 이 세상에 나오시지를 말제
황천길이 멀고도 멀다더니 지체 없이도 잘 가셨소
오호 호호 오호 호오호 나무아미타불
못 가겄네 못 가겄네 차마 서러서 못 가겄네
내 집을 두고는 못 가겄네
삼천갑자 동방삭은 삼천갑자를 살았어도
오늘 가시는 금일 망제는 백 년도 못 살았네
오날은 여그서 울고불고 있제마는
어느 시절에 여그를 올거나
가시는 날은 안다마는
오난 날짜는 모른답디다
요내 염불로 길을 닦아
왕생극락으로 인도를 헙니다

관암보살 관암보살 관암보살…

전라도 곡성과 진도 지방에서 불리는 노래를 따로 따서 한데 모으니 이런 노래가 되었습니다. 아무리 멀리 두고 싶어도 너무나 가까이 있는 저승이 보입니다. 이승을 두고 저승으로 가는 안타까움이, 설움이 절절합니다. 저승에 가더라도 왕생극락, 좋은 곳으로 가시라는 기원이 담겼습니다. 그리고 가시는 날은 알지만 다시 오시는 날은 모른다고 망연해 합니다. 꽃상여 가는 길에 산 자나 죽은 자나 모두 슬프고 먹먹합니다. 상두꾼들은 그래서 두어 잔 술을 걸치고, 슬픔을 떨치려 요령을 흔들어대는지 모르겠습니다. 사령은 꽃상여에 흔들리며 저승으로 잘 가고 있겠지요. 장지에 도착해서 상여를 내려놓을 때까지 상두꾼들은 관음보살을 염송합니다. 꽃상여 가는 길에 대자대비 관음보살 청하니 위안이 되고 조금 덜 외롭습니다.

4. 녹색머리에 석장 들고

　명부冥府, 죽어서 가는 어둡고 깜깜한 세계입니다. 흔히들 저승, 유명, 유계, 황천이라 하지요. 그런데 불교에서의 명부는 지옥을 뜻합니다. 직부사자 감재사자는 망자의 대문 밖에서 기다리다가 꽁꽁 묶어 끌고 갑니다. 꽁꽁 묶인 채 강 건너 산 넘어, 열두 대문 들어가면 거기가 바로 저승입니다. 우두나찰 마두나찰은 득달같이 달려들어 시왕 앞으로 끌고 갑니다.

　이레째 되는 날, 드디어 망자의 심판이 시작됩니다. 진광대왕 초강대왕 송제대왕 오관대왕 염라대왕 변성대왕 태산대왕 평등대왕 도시대왕 오도전륜대왕 앞에 차례로 불려 나가 심판을 받습니다.

잘 살았다 잘 살았다 어찌 조작이라도 해 보면 좋으련만 그건 꿈도 못 꿀 일입니다. 저승에선 이미 다 알고 낱낱이 적어 놨습니다. 판관은 두루마리에 적힌 내용을 술술 풀어 고합니다. 업경을 들이대고 샅샅이 비추어 보기도 합니다.

망자는 빼도 박도 못하고 죄과대로 벌을 받습니다. 혀를 길게 빼어 땅을 갈고, 펄펄 끓는 기름 솥에 빠지고, 활활 타는 불기둥에 묶입니다. 실낱같이 가는 목에 불뚝한 배 아귀 되고, 가차 없는 톱질에 몸이 동강 나기도 합니다. 서슬 퍼런 칼산지옥, 꽁꽁 언 한설지옥, 지나야 할 지옥이 참 많기도 많습니다. 이렇게 저승에서 꼬박 3년 동안 심판을 받습니다.

심판의 끝에는 지옥, 아귀, 축생, 인간, 아수라, 천도, 여섯 갈래 길이 있습니다. 망자는 정해 준 길을 따라 지옥에 떨어지고 짐승으로 태어나고, 사람의 몸을 받기도 합니다. 천도의 길을 받지 못한 중생은 이렇게 또 다시 육도윤회 수레바퀴에 올라야 하는 것이지요.

이러한 불교의 저승관을 구현해 놓은 곳이 명부전입니다. 명부전은 대개 지장보살을 본존으로, 도명존자와 무독귀왕을 협시불로 모시고 있습니다. 그리고 본존불 좌우로 빙 둘러 시왕상과 판관, 사자, 장군을 모십니다. 이들 소조상 뒤로 지장탱과 시왕탱을 겁니다. 시왕탱은 지옥을 생생하게, 적나라하게 담고 있습니다. 살아서 보는 지옥이지요. 그러니까 명부전은 이승과 저승의 다리쯤 되는 셈입니다. 후덜덜한 두려움이 살랑거리고 있는 듯 으스스한 풍경입니다.

유교는 내세를 보여 주지 않습니다. 반면에 효는 아주 중요하게 생각하는 덕목이지요. 부모를 위해서라면 자기의 목숨은 물론 자식까지도 삶아 먹일 수 있습니다. 이렇게 투철하게 무장된 효사상은 부모가 죽은 뒤 가야 할 저승세계를 차마 외면할 수 없게 만들었습니다. 그래서 조선시대를 지나며 지장보살을 본존으로 모신 명부전이 따로 전각을 이루게 되었습니다.

옛날 각화정자재왕여래가 살던 시절이었습니다. 바라문의 딸이 있었습니다. 그의 아버지는 삼보에 귀의하여 잘 살다가 죽었습니다. 그런데 어머니는 달랐습니다. 승려를 욕하고 방탕한 생활을 하다 죽었지요. 슬퍼하던 딸은 어머니가 걱정되었습니다. 딸은 어머니를 구제하기 위해 재를 올려야겠다고 생각했습니다. 모든 재산을 정리하여 향을 사고 재물을 마련해서 각화정자재왕여래를 찾아나섰습니다.

각화정자재왕여래가 계신 곳은 멀고도 멀었습니다. 가는 길에 수많은 사람을 만났습니다. 헐벗고 굶주리고 병든 사람들이었습니다. 바라문의 딸은 그들의 고통을 모른 체 그냥 지나칠 수가 없었습니다. 배고픈 사람에게는 음식을 주고 헐벗은 사람에겐 옷을 주고 병든 이에겐 약을 주었습니다. 가다 가다가, 바라문의 딸은 입고 있던 옷마저 벗어 주었습니다.

이제 벌거벗은 몸으로는 각화정자재왕여래 앞에 나설 수가 없었습니다. 바라문의 딸은 흙구덩이에 들어가 마지막 남은 향을 사르며 각화정자재왕여래에게 기원했습니다.

어머니를 위해 자비를 베푸시고, 어머니 간 곳을 알게 하여 저의 괴로움을 거두어 주십시오.

그러자 각화정자재왕여래가 바라문의 딸 앞에 나타났습니다. 착하고 착하다. 너의 행은 그대로 보살이다. 흙으로 갈무리한 너를 지장보살이라 하리라. 너의 어머니는 벌써 사흘 전에 무간지옥에서 구제하여 하늘나라에 태어나게 하였다.

각화정자재왕여래는 지장을 데리고 지옥에서 고통받는 중생의 모습을 보여주었습니다. 지장은 그걸 보고 큰 원을 세웁니다.

단 한 명이라도 고통받는 중생이 있으면 성불하지 않겠습니다. 지옥에 남아 그를 구제하겠습니다.

위로는 보리를 구하고 아래로는 중생을 구제하는 보살, 지장은 성불을 포기하고 그렇게 보살로 남았습니다. 석가모니불이 가고 미륵불이 올 때까지 무불시대, 지장보살은 중생을 구제하는 크나큰 일을 맡았습니다.

녹색머리에 석장 든 모습은 지장보살의 상징입니다. 때로는 머리에 두건을 쓰고 있기도 하지만, 여느 보살처럼 화려한 보관을 머리에 이고 있지는 않습니다. 중생에게 보다 가까이 다가가려는 그의 마음을 그리 표현한 것입니다. 석장은 지옥의 문을 열 때 꼭 필요한 것이지요.

지장보살은 바쁩니다. 지옥의 중생을 구하려 동에 번쩍 서에 번쩍 나타납니다. 지옥의 문을 열고 들어가서 중생 옆에 함께 있습니다. 때로는 판관 옆에서, 때로는 펄펄 끓는 기름 가마솥 앞에서 합장한 채 제도합니다. 중생이 해탈을 이루어 고통에서 벗어나기를 기원합니다.

절대 그럴 리는 없겠지만, 그래도 만약 저승 무간지옥에 떨어진다 하더라도 희망을 버리지 않을 일입니다. 녹색머리에 석장 들고 바람같이 나타날 지장보살이 있으니까요.

진관사 대웅전 옆에도 명부전이 있습니다. 이승과 저승 사이 문턱을 넘나드는 사람들 토닥여 줄 지장보살이 거기 있습니다. 두려워하지 마세요. 걱정하지 마세요. 두려움에, 사무치는 슬픔에 떠는 이들 토닥여 줄 대자대비 대원본존 지장보살입니다. 지장보살마하살.

5. 저승문건 적패지

　사람은 누구나 죽게 마련이니 인간세상 이보다 공평한 일이 없습니다. 부자나 가난뱅이나, 이쁜이나 못난이나, 잘난 놈이나 못난 놈이나 다 죽습니다. 이렇게 공평한 게 죽음인데, 곰곰 한편으로 불공평합니다. 태어나서 얼마나 사느냐 목숨의 길이, 수명이 다르다는 겁니다. 죽기는 죽는데 누구는 일찍 죽고 누구는 오래 삽니다. 왜 그럴까요? 왜 누구는 일찍 죽고, 누구는 오래오래 사는 걸까요? 제주도 무속에서 전하는 체사본풀이에서 실마리를 잡아봅니다.

제주에서는 바다에 빠져 죽은 영혼을 건져내어 업도 씻고 한도 씻어서 저승으로 보내는 무혼굿을 합니다. 액이 낀 죽음을 정상적인 죽음으로 돌려놓는 의식이지요. 바닷가에서 짧게는 한 이틀, 길게는 나흘에 걸쳐 굿을 합니다. 심방은 사설에 따라 변신을 하며 극적 사실감을 끌어올립니다. 시왕맞이 적패지 타달기 거리에서 심방은 적패지를 등에 달고 저승차사 강림이가 됩니다. 저승문건 적패지에는 미리 정한 수명이 적혀 있습니다.

옛날에 버무왕에게는 아홉 아들이 있었습니다. 그런데 위로 셋, 아래로 셋이 죽고 가운데 삼형제만 남았습니다. 지나가던 스님이 보고 남은 아들들의 수명이 열다섯 살밖에 안 된다고 말했습니다. 버무왕이 그 말을 듣고 스님을 붙잡았습니다.

여보시오, 스님네요. 죽는 것을 알았으니 사는 것도 알겠구려. 수명을 잇는 방법을 가르쳐 주오.

스님은 집을 떠나 한 3년 자기가 있는 절에 와서 불공을 드리라고 했습니다. 삼형제는 스님을 따라 절에 가서 부처님 전에 불공을 드렸습니다. 어느 훤한 달밤에 삼형제가 달구경을 했습니다.

아이구 달이 밝기도 밝구나.

우리 집에도 저렇게 달이 밝겠지.

집 떠나 온 지 벌써 3년이 다 되어가는구나.

한 마디씩 하고 나니 돌아가고 싶은 마음이 굴뚝같아졌습니다.

삼형제는 비단이며 돈이며 바리바리 싸서 길을 나섰습니다. 가다가 날이 저물어 과양생이네 주막에 들어갔습니다.

하룻밤 묵어가고 싶구려.

과양생이는 밥만 먹고 가라고 했습니다. 셈을 치르는데 보니 삼형제의 봇짐이 그득했습니다. 과양생이는 삼형제를 붙잡아 놓고 술을 잔뜩 먹였습니다. 삼형제가 곯아떨어지자 과양생이는 삼형제의 귀에 끓는 기름을 부어 죽였습니다. 집 앞 방죽 못에 시체를 던져버리고는 삼형제 봇짐을 차지해 부자가 되었습니다.

봄이 되자 방죽 못에서는 연꽃 세 송이가 피었습니다. 과양생이 마누라는 그 꽃을 꺾어다 문설주에 걸어두었습니다. 그런데 드나들 때마다 그 꽃이 머리를 할퀴고 쥐어뜯었습니다.

이런 고얀 것이 있나.

과양생이 마누라는 청동화로에 꽃을 던져 태워버렸습니다. 과양생이 마누라가 청동화로를 뒤지다 보니 구슬 세 개가 보였습니다. 그걸 주워 입에 물고 불고 하다가 그만 꿀떡 삼켜버렸습니다. 그런데 그날부터 배가 불러오더니 열 달 만에 아들 삼형제를 낳았습니다.

옥돌 같고 밤톨 같은 금지옥엽 삼형제가 열다섯 살이 되어 과거시험을 보았습니다. 삼형제는 나란히 장원급제를 하여 집으로 돌아가게 되었습니다.

경사났네.

경사났다.

과양생이네는 삼형제를 맞으러 달려 나갔습니다. 그때 삼형제는 막 대문 앞에 이르러서는 그만 픽 쓰러져 죽고 말았습니다.

과양생이네는 김치 원님을 찾아가서 아들 삼형제가 죽은 까닭을 밝혀내라고 난리를 쳤습니다. 김치 원님은 고민 끝에 강림이에게 저승에 가서 염라대왕을 불러오라고 했습니다. 강림이는 성에 아홉 성 밖에 아홉 모두 열여덟이나 되는 마누라를 데리고 살아도 아무 문제없는 영리한 사람이었지만, 염라대왕을 불러오는 일은 잘 알지 못했습니다. 그때 강림이 큰마누라는 강림이에게 저승사자 옷을 해 입히고 떡을 싸주며 저승으로 보냈습니다.

큰마누라 도움으로 저승에 도착한 강림이는 염라대왕보고 이승으로 오라고 했습니다.
용감무쌍 이승차사 강림이의 부름에 염라대왕이 왔습니다.
염라대왕은 방죽 못의 물을 퍼내라고 했습니다. 물을 퍼내고 바닥을 파자 버무왕의 아들 삼형제 시체가 나왔습니다. 이번에는 과양생이네 아들 삼형제 무덤을 파 보라고 했습니다. 파 보니 짚동아리 세 뭉치가 나왔습니다. 염라대왕은 버무왕 아들 삼형제는 다시 살리고, 과양생이네는 죽였습니다.
강림이가 용감하고 똑똑하니 내가 저승으로 데려가 쓰겠소.
염라대왕 말에 김치 원님은 싫다고 했습니다.
그럼 나누어 가집시다. 몸을 갖겠소, 혼을 갖겠소?
몸을 갖겠소.
염라대왕은 강림이의 혼을 빼어 저승으로 돌아갔습니다. 김치 원님이 강림이 몸을 건드리자 픽 쓰러졌습니다. 그때부터 강림이는 적패지를 들고 명이 다한 사람을 찾아 저승으로 데려가는 저승차사가 되었습니다.
그런데 하루는 강림이가 꾀가 나서 까마귀에게 일을 대신 맡겼습니다. 까마귀가 적패지를 물고 가다가 말 피를 보았습니다.

아이구, 저 맛난 걸 그냥 지나칠 수야 없지. 후르륵 쩝쩝!
침 흘리며 딴전을 피우는 새 그만 적패지가 날아가 버렸습니다. 적패지는 뱀의 아가리로 떨어져서 그때부터 뱀은 아홉 번 죽고 열 번 태어나게 되었습니다. 사람도 예전에는 나이 순서대로 데려갔는데 그때부터는 되는대로 적어 아무나 잡아가게 되었다고요. 그 통에 사람의 수명은 뒤죽박죽이 되었습니다.

이렇게 언제 죽을지도 모르는 세상에 동방삭은 저승차사를 따돌리며 삼천갑자년씩이나 살고 있었습니다. 그런데 강림이에게는 안 통했지요. 하루는 강림이가 냇물에 앉아 검은 숯을 씻고 있었습니다. 지나가던 사람이 그걸 보고 참견했습니다.
거 뭐 하는 짓이오?
숯을 하얗게 씻고 있소.
내가 삼천갑자년을 살았어도 그런 꼴은 처음이오. 허허 참, 살다 살다보니 벨 꼴을 다 보겠네.
잘 만났소, 삼천갑자 동방삭. 이제 그만 가시지.
강림이는 잽싸게 삼천갑자 동방삭을 홍사줄로 꽁꽁 묶어 저승으로 데려갔습니다.

적패지를 들고 온 저승차사가 대문 밖에서 호령합니다. 아무개는 지금 나와 저승으로 갑시다. 추상 같은 호령에 꼼짝없이 끌려가는 저승길이니 절통하고 원통합니다. 더듬더듬 한발 한발 저승으로 가는 길 차마 발길이 떨어지지 않습니다.

처자권속 많았어도 권커니 잣커니 술 친구가 많았어도 대신 가줄 이 하나 없네. 아이고 아이고. 어이 갈꼬.

시왕맞이 적패지 타달기 거리에서는 저승차사 강림이를 불러 잘 먹여 대접합니다. 부디부디 우리 망자 고이고이 데려다 줍사. 설운 영혼 잘 데려다 줍사. 멀고 힘한 저승길에 착한 길벗 되어 줍사. 전직 이승차사 강림이라 이 맘 알아주지 않을까, 하여 심방은 저승차사 강림에게 빌고 또 빕니다.

6. 아하, 봄잠 길게 잤구나

삼국시대 불교가 들어오고 나서도 한참 동안 불교는 귀족들의 종교였습니다. 대중들은 복잡하고 어려운 경전을 읽을 수도, 법문을 알아들을 수도 없었습니다. 근기에 따라 불가촉천민에게도 설법하던 붓다의 시대가 너무 멀리 갔습니다.

그런데 신라의 고승 원효가 민중불교, 대중불교의 시대를 열었습니다. 원효는 비렁뱅이처럼 표주박을 두드리며 춤을 추고 노래를 불렀습니다. 그렇게 대중에게 다가가 나무아미타불 나무아미타불 염불하면 누구나 아미타불 서방정토에 갈 수 있다고 했습니다. 날개 짧은 작은 새는 산림에 기대어 크고, 송사리처럼 작은 물고기는 여울에 살면서도 본성이 편안한 법. 불교는 한 마디로 다 끝낼 수도 있고 팔만사천 법문으로도 다할 수 없는 것이라 했습니다. 근기와 인연에 따라 한마음으로 삼매에 들면 됩니다. 그러면 누구라도 서방정토에 갈 수 있다고 했습니다.

서방정토에는 끝없는 즐거움만 있습니다. 무량광불이고 무량수불인 아미타불의 설법으로 누구나 해탈에 이르니 다시는 삼악도에 떨어지지 않습니다. 영원히 고통을 여의고 즐겁게 사는 곳입니다. 모진 세상 떠나는 날, 아미타불 마중나와 손 내밀고 있습니다.

어여 갑시다. 여기 극락정토로.

불교는 급속하게 민중 속으로, 대중 속으로 퍼져나갔습니다.

어서 가세, 어서 가세. 피안의 땅 극락으로.

마가다국 왕사성 빔비사라왕의 설화는 아들에게 죽임을 당하는 이야기입니다. 빔비사라왕은 3년 후에 선인이 죽어 자신의 아들로 태어날 거란 이야기를 들었습니다. 그런데 후사기 없이 긱징하던 자라 기다릴 수가 없었지요. 빔비사라왕은 선인을 죽였습니다. 앙심을 품고 죽은 선인은 빔비사라왕의 아들로 태어났습니다. 아들은 아버지를 옥에 가둬 굶겨 죽이고 어머니마저 핍박했습니다. 정업난면, 고통의 수레바퀴를 멈추지 못했습니다. 고통에 빠진 왕비는 석가모니불에게 자비를 청했습니다. 석가모니불이 여러 극락을 보여 주자 왕비는 그 중에 서방정토에 다시 나길 원했습니다.

여기에서 멀지 않은 곳, 우리가 사는 여기에서 서쪽으로 십만팔천 리 떨어진 곳에 있다는 서방정토는 사실 저승입니다. 죽어서야 가는 곳이니까요.

서방정토가 무시무시한 지옥보다야 좋지만 그래도 이왕이면 죽고 싶지 않았습니다. 아니, 죽더라도 다시 살아나고 싶은 마음 간절했습니다. 개똥밭에 굴러도 이승이 좋았습니다. 절절한 그 마음이 서쪽 아주 먼 어디쯤에 서천꽃밭을 만들었습니다.

서천꽃밭에는 온갖 꽃이 피어 있습니다. 죽은 사람 살려내는 불로장생 감로수도 있습니다. 서천꽃밭에 다녀온 사람의 생생한 증언들이 설화 형식으로 전승되어 왔습니다. 죽음은 여전히 반복되고 저승은 늘 가까이 있으니까요.

옛날에 오귀대왕이 살았습니다. 혼례를 하려고 점을 쳐보니 올해 하면 딸 일곱을 낳을 것이고 내년에 하면 아들 셋을 둘 것이라 했습니다. 오귀대왕은 이 말을 믿지 않고 길대부인을 맞아 혼례를 했습니다. 길대부인은 곧 태기가 들었고, 딸을 낳았습니다. 아들 낳길 바라는 불공을 드렸습니다. 내리 여섯 딸만 낳았습니다. 오귀대왕과 길대부인은 여섯 딸을 분 세수 시키고 비단 옷 입혀 키웠습니다. 일곱째 아이를 가졌을 때 길대부인은 꿈을 꾸었습니다. 하늘이 점지해 준 아들을 낳을 줄 알았는데 낳고 보니 또 딸이었습니다. 오귀대왕은 일곱째 딸을 내다 버리라고 했습니다. 뙤약볕 아래 버려도, 득실득실 뱀 밭에 버려도, 대나무 꼬챙이 밭에 던져버려도 딸은 죽지 않았습니다. 할 수 없이 궤짝에 담아 강물에 띄워 버렸습니다.

강물에 떠내려온 궤짝을 열어 보니 눈에는 불개미가 바글바글 허리에는 뱀이 칭칭 감겨있는 여자아이가 있었습니다.

버렸구나 버리데기, 바렸구나 바리데기. 씻겨 주고 멕여 주자.
바리공덕 할미가 버리데기를 주워 길렀습니다.

버리데기가 쑥쑥 자라 열다섯 살이 되었을 때, 오귀대왕과 길대부인은 큰 병이 들었습니다. 아무 약도 소용없고 서천 시약물을 마셔야만 나을 수 있는 병이었습니다.

아가 큰딸아. 서천 시약물을 떠다다오.

저는 못 가겠소. 뒤뜰도 못 가는데 그 먼 길을 어찌 제가 가겠소.

아가 둘째 딸아, 네가 가라.

아니, 저도 못 가겠소. 성님도 못 가는 길 제가 어찌 간단 말이오.

여섯 딸 아무도 간다는 딸이 없었습니다.

어쩔거나. 할 수 없네. 일곱째 딸을 찾아 다녀오라 해야겠다.

버리데기 있는 데를 찾아 데려왔습니다.

어머니 아버지가 길러준 공덕 없으나 낳아준 은덕은 있습니다.

서천이 멀다 해도 제가 다녀오리다.

버리데기 그길로 서천을 찾아 떠났습니다. 얼마를 가다보니 검은 빨래를 산처럼 쌓아놓고 두드려 빠는 할머니가 있었습니다.
서천으로 가려면 어디로 가야하오?
아무 대답이 없자 버리데기 팔을 걷고 검은 빨래 희게 빨아 주었습니다.
저기 저 산등성이 넘어 가면 뭐가 보일 것이다.
할머니 말 듣고 산등성이 넘고 강을 건너고, 또 다시 물어물어 서천에 당도하니 무장승이 가로막았습니다.
우리 부모 살리려면 서천 시약물이 필요하오.
약값 내라.
약값 없소.
나무 3년 해 주고, 불 3년 때 주고, 물 3년 길어다오.
무장승 말대로 버리데기 석 삼 년을 다 채웠습니다.
아들 일곱을 낳아주면 주겠다.
무장승 말대로 버리데기는 아들 일곱을 낳았습니다.
이제 어서 가야겠소.

시약물 한 병 받고 서천꽃밭에 난 살살이꽃 피살이꽃 꺾어드니, 무장승과 일곱 아들도 따라 길을 나섰습니다.
바삐 오는 길에 보니 저 만큼 상여가 나가고 있었습니다.
오귀대왕 길대부인 상여라오.
상여꾼의 말을 듣고 버리데기 관을 여니 오귀대왕 길대부인이 그새 죽어있습니다.
버리데기 살살이꽃 문지르니 새살이 돋아나고, 피살이꽃 문지르니 더운 피가 몸에 돌고, 시약물 입에 흘려 넣으니 오귀대왕 길대부인이 깨어났습니다.
아하, 봄잠 길게 잤구나.

7. 코드 블루

본관 12층 심혈관내과 121병동 코드 블루 코드 블루
본관 12층 심혈관내과 121병동 코드 블루 코드 블루

병원에서 코드 블루는 심 정지를 의미합니다. 코드 블루 시그널이 뜨면 관련 의료진 모두 만사를 제치고 현장으로 달려갑니다. 정지한 심장을 살려내어 뛰게 하라. 절체절명의 순간입니다. 큰 병원에서는 하루에도 몇 번씩 코드 블루 상황이 벌어집니다. 지금 나는 아니지만 언젠가 나도 코드 블루 상황을 맞게 되겠지요.

원효가 법을 구하러 당나라에 가는 길에 비바람을 만났습니다. 쏟아지는 비바람에 한 치 앞도 분간할 수 없었지요. 토굴로 들어가 밤을 새우는데 목이 말랐습니다. 더듬더듬 물을 찾아 달게 마셨습니다. 아침에 일어나 보니 해골에 담긴 물이었습니다. 웨엑~~ 그러다가 원효는 퍼뜩 깨달았습니다. 오호라, 모든 것은 마음에 있구나. 마음 밖에 법이 없는데 어찌 따로 법을 구하겠는가.

마음이 일어나면 수많은 세계가 생겨나고,
마음이 꺼지면 수많은 세계가 사라집니다.

길은 늘 옛길입니다.
아뇩다라삼먁삼보리.

절밥 속에 담긴
무서운 속뜻 한 숟가락

정갈한 싸리비 자국 새겨진 마당을 내려다보며 비린 것 한 점 없는 절밥 한 상을 받고 앉으면 그 안에 쉽게 수저를 들 수 없는 경건함이 소복하다. 절밥, 요즘은 각종 현대병을 치유하기 위한 방법으로 채식이 유행하면서 이 절밥을 고급화한 '사찰음식' 전문점들이 우후죽순처럼 생겨나고 있다.

어려서 할머니나 어머니 손을 잡고 따라가서 붐비는 신도들 틈에서 비빔밥이나 국수 한 그릇 얻어먹었던 경험이 절밥에 대한 기억의 전부인 사람들에게 사찰음식은 더 이상 소박한 한 끼 식사가 아니다. 더욱이 인사동 언저리에서 만나는 몇몇 사찰음식 전문점들에서는 생선과 고기까지 세트 메뉴로 차려져 나오면서 버젓이 사찰음식을 표방한다.

생선과 고기를 쓰지 않고, 오신채五辛菜도 넣지 않은 다른 사찰음식점도 당황스럽기는 마찬가지다. 고급 한정식보다 오히려 가짓수가 많거나 귀한 식재료로 양식 요리처럼 하나하나 내오는 것도 사찰음식이라고 부른다. 정작 절밥에 깃들어 있는 정신은 찾아보기 힘들고 외형적으로 흉내만 낸 음식들이다. 그런 음식들을 사찰음식이라 용인하기에는 아직도 소박하고 절제된 절밥의 전통을 꿋꿋이 지켜나가고 있는 절들이 곳곳에 남아 있다. 그 가운데 하나가 바로 진관사다.

절밥에 담긴 등골 오싹한 가르침

초파일이나 주말 도심 근처의 사찰에서 무료 공양을 준대서 줄서서 먹는 절밥 말고, 아는 스님이 있어 따로 차려진 절밥 한 상을 받아먹어 봤으면 좋겠다는 사람들을 종종 만나게 된다. 그런데 사실 절밥은 따로 한 상이든 줄서서 식판에 받아먹는 한 끼든 알고 먹으면 소화시키기 힘들 만큼 무겁고 무서운 속뜻을 간직하고 있다.

'시주가 보시한 쌀 한 톨의 무게를 저울로 달면 일곱 근'이라는 말이 있다. 오래전부터 스님들 입에서 입으로 내려오는 말이다. 또, '쌀 한 톨에 일곱 말 두 되의 땀이 들었다'는 말도 전한다. '한 톨 쌀이라고 업신여기지 마라! 백천 알의 쌀이 모두 이 한 알에서 나왔느니' 하는 말도 전한다.

쌀 반 말, 콩 한 되 형편 되는 대로 이고 지고 높은 산중 사찰까지 올라와 시주하고 간 우리 할머니, 어머니 같은 시주님들의 공덕을 무겁게 여기라는 가르침이다.

불교에서는 밥을 먹는 일을 '공양한다'고 표현한다. 공양이란 '공급하여 자양資養한다'는 뜻으로 음식이나 옷, 향 등을 부처님이나 보살님, 부모, 스승, 죽은 조상들에게 올리는 것을 말한다. 또한, 부엌을 '공양간'이라고 표현하는 데서 알 수 있듯이 밥 먹는 일 자체를 공양이라고도 했다. 곧, '받들고 베푸는' 일이 공양으로, 내 입으로 밥 한 술, 반찬 한 젓가락이 들어오기까지 자연과 인간의 얼마나 많은 인연과 수고가 쌓여서 오게 되었을까를 가슴 깊이 새기는 일이 바로 공양이다.

《증일아함경》에는 "일체 존재는 먹음으로 말미암아 생겨나고, 또 먹음으로 인해 사라진다."고 했다. 즉, 음식은 결국 나 아닌 다른 존재를 먹는 행위다. 다른 생명에 의지해 나의 생명이 영위됨을 뜻한다. 음식을 먹는 행위에서도 모든 것이 존재하는 방식인 연기緣起를 깨닫도록 하는 가르침이 담겨 있다.

《잡아함경》에는 음식을 어떻게 대해야 하는가에 대한 섬뜩한 비유가 설해져 있다.

"중생들에게 도움이 되고 이익이 되어, 그들로 하여금 세상에 머물며 거두어 받아들이고 자랄 수 있게 하는 네 가지 음식〔四食〕이 있다. 어떤 것이 그 네 가지인가? 말하자면 첫째는 거칠고 덩어리진 음식이요, 둘째는 섬세한 감촉이라는 음식이며, 셋째는 의지와 의도라는 음식이요, 넷째는 식識이라는 음식이니라.

비구는 덩어리진 음식을 어떻게 관찰하는가? 비유하면 어떤 부부에게 사랑하고 늘 생각하고 보살펴 기른 외아들이 있었다. 그들은 넓은 광야 험난한 곳을 지나려고 하다가, 양식이 떨어져 굶주림의 고통이 극에 달했으나 어찌할 도리가 없었다. 그들은 이젠 너무도 사랑하고 늘 생각하고 보살펴 기른 외아들만 남았다. 만일 그 아들의 살을 먹는다면 이 험난한 곳을 벗어날 수도 있을 것이다. 이곳에서 세 사람 모두 죽게 할 수는 없다고 의논하였다. 이렇게 계획한 뒤에 곧 그 아들을 죽여 슬픔을 머금고 눈물을 흘리면서 억지로 그 살을 먹고 광야를 벗어나게 된 경우와 같다.

어떠냐? 비구들아, 그 부부는 아들의 살을 함께 먹으면서 과연 그 맛을 취하고 그 맛의 좋음과 즐거움을 탐하며 맛보겠느냐?

대답하였다.

아닙니다. 세존이시여.

또 물었다.

비구들아, 그들이 억지로 그 살을 먹은 것은 광야의 험난한 길을 벗어나기 위함이 아닌가?

대답하였다.

그렇습니다. 세존이시여.

부처님께서 비구들에게 말씀하셨다.

무릇 덩어리진 음식을 먹을 때에도 마땅히 그와 같이 관찰하라. 그와 같이 관찰하면 덩어리진 음식을 끊을 줄 알 것이요, 덩어리진 음식을 끊을 줄 알고 나면 오욕의 공덕에 대한 탐애貪愛가 곧 끊어질 것이다. 오욕의 공덕에 대한 탐애가 끊어졌다면, 나는 많이 들어 아는 거룩한 제자들에게서 오욕의 공덕 중 끊지 못한 번뇌가 한 가지라도 남아 있는 것을 보지 못했다. 한 가지 결박만 있어도 곧 이 세상으로 되돌아와 태어나게 되느니라."

-《잡아함경雜阿含經》제15권, 자육경子肉經

음식을 외아들 살을 먹는 것에 비유한 것이다. 오직 광야의 험난한 길을 벗어나기 위해 먹는 것이지 그 맛에 취하거나 맛의 좋음과 즐거움을 탐하지 말라는 가르침이다. 왜 그럴까? 다시 경전의 말씀을 인용해보자.

"만일 비구가 이 네 가지 음식에 대하여 기쁨이 있고 탐욕이 있으면 식識이 머물러 증가하고 자라게 된다. 식이 머물러 증가하고 자라기 때문에 명색名色에 들어가고, 명색에 들어가기 때문에 모든 행行이 증가하고 자라며, 행이 증가하고 자라기 때문에 미래의 존재가 증가하고 자라며, 미래의 존재가 증가하고 자라기 때문에 태어남과 늙음과 병듦과 괴로움이 발생하나니, 이렇게 하여 순전한 괴로움뿐인 큰 무더기가 발생하느니라.

만일 이 네 가지 음식에 대하여 탐욕도 없고 기쁨도 없으면, 탐욕이 없고 기쁨도 없기 때문에 식이 머물지도 않고 증가하거나 자라지도 않으며, 식이 머물지도 않고 증가하거나 자라지도 않기 때문에 명색에 들어가지도 않으며, 명색에 들어가지 않기 때문에 행이 증가하거나 자라지도 않으며, 행이 증가하거나 자라지도 않기 때문에 미래의 존재가 생기지도 않고 자라지도 않으며, 미래의 존재가 생기지도 않고 자라지도 않기 때문에 미래 세상에 태어남과 늙음과 병듦과 죽음과 근심, 슬픔, 번민, 괴로움이 일어나지 않나니, 이렇게 하여 순전한 괴로움뿐인 큰 무더기가 소멸하느니라."

−《잡아함경雜阿含經》제15권, 유탐경有貪經

음식을 대하면서도 탐욕이나 기쁨을 가지지 않을 때 좋다, 나쁘다라는 인식에 머물지 않게 되고, 인식이 머물지 않음으로써 실체가 아닌 허울과 그림자에 빠지지도 않으며, 허울과 그림자에 빠지지 않으니 그것들을 얻으려는 부질없는 행동도 사라지고, 앞으로 어떻게 되겠다는 의도도 없어진다. 그것들이 없어져야만 다가올 미래에나마 생로병사의 괴로움이 사라지고 궁극적인 괴로움의 원인까지 생겨나지 않게 됨을 설하고 있다.

부처님께서 아나율阿那律 존자에게 다음과 같이 말씀하셨다.

"온갖 법은 음식으로 말미암아 존재하게 된다. 눈은 빛깔을 음식으로 삼고 귀는 소리를 음식으로 삼으며 코는 냄새를 음식으로 삼고 혀는 맛을 음식으로 삼으며 몸은 닿음[觸]을 음식으로 삼고 뜻은 법法을 음식으로 삼으며 열반은 방일放逸함이 없음을 음식으로 삼느니라."

그것이 나물 몇 가지 넣고 비벼 먹는 소박한 비빔밥 한 그릇이든 군대식 식판에 오랜 시간 줄지어 서서 허겁지겁 허기를 달래는 것이든 절밥 한 그릇에는 모두 부처님 가르침 전체를 꿰뚫는 가장 중요한 설법이 담겨 있다. 아무리 오신채가 빠지고 고기나 생선이 없는 음식을 먹는다고 저절로 내 마음 속 탐욕이 사라지지는 않는다.

사찰음식은 이제까지의 음식과 조금은 색다른 또 다른 쾌락이 아니다. 입으로 넣는 음식의 모양과 빛깔, 맛과 향취, 건강과 영양에 빠져 정작 음식을 먹는 근본적인 이유를 잊어버린다면 이미 그 순간 우리는 사찰음식을 먹은 것이 아니라는 것이다.

발우공양과 소심경小心經

그러면 절밥을 어떤 마음가짐으로 어떻게 먹어야 할까? 그것을 가장 잘 담아내고 있는 식사법이 바로 발우공양이다.

부처님 당시의 일이다. 부처님 상수제자 마하가섭은 탁발托鉢을 나가서 가난한 집만 골라 다녔다. 출가 사문에게 공양을 베푸는 것은 복을 짓는 일이라고 믿었던 당시에 가난한 사람들에게 복을 지을 기회를 더 주기 위해서다. 반면에 부처님의 또 다른 제자인 수보리 존자는 당장 하루하루 끼니 걱정을 하는 가난한 사람들에게 폐를 끼치지 않으려고 부잣집만 골라 다녔다.

출가자에게는 사의법四依法이라 해서 네 가지 꼭 지켜야 할 계율이 있었다. 첫 번째는 목숨을 마칠 때까지 걸식해야 하는 것이요, 두 번째는 남루한 분소의糞掃衣에 의지해서 살아가며, 세 번째는 집에 머물지 말고 나무 아래서 살고, 네 번째는 동물의 대소변으로 만든 진기약陳棄藥을 의지해서 병을 다스리는 것이었다.

걸식乞食도 칠가식七家食이라 해서 어느 한 집에 부담을 주지 않기 위해 일곱 집에서 조금씩 얻어먹는 것을 원칙으로 했는데, 그 일곱 집을 마하가섭은 가난한 집만 골라 다녔고 수보리 존자는 부잣집만 골라 다녔던 것이다.

이를 본 유마 거사는 "아무리 좋은 의도를 가지고 있다 해도 마음속에서 이미 가난하다, 부자다라는 차별을 낸 것은 잘못이라"고 지적한다. 그 뒤로 걸식은 어느 곳에서 시작하더라도 차별 없이 차례차례 일곱 집을 도는 것으로 자리 잡게 된다.

초기불교에서 원칙으로 삼았던 사의법에 의하면 애초 사찰음식이라는 개념은 성립될 수 없었다. 여염집 일곱 군데서 이미 만들어진 음식을 탁발해서 절로 가져와 그저 나눠 먹는 것이니 이때의 사찰음식이란 이집 저집 여염집에서 얻어온 음식들을 한데 모아놓은 잡탕밥의 외형을 띠고 있었을 것이다.

일체의 경제활동을 금지시키고 철저히 걸식에 의존해서 살게 했던 초기불교의 가르침은 중국으로 건너와 점차 바뀌게 된다. 당나라 때 선승이었던 백장회해百丈懷海 선사는 "하루 짓지 않으면 하루 먹지 않는다〔一日不作 一日不食〕"라는 말로 대표되는 백장청규를 제정해서 수행자들이 직접 노동을 해서 자급자족하는 전통을 만든다.

이때를 전후해서 일하는 것도 밥 먹는 것과 똑 같은 수행으로 정착하게 된다. 여러 명의 스님들이 공동체 생활을 하며 함께 일하고 함께 밥 먹는 행위가 참선 정진하는 것만큼이나 중요한 수행의 과정으로 여겨지게 된 것이다. 현재 우리나라 사찰에서 이루어지는 발우공양의 전통도 이때를 전후해서 정착된 것으로 보인다.

불교에서는 밥 먹는 것을 '공양'이라 하는데, 이것은 밥을 먹는 행위가 단순히 영양분을 섭취하는 것에 그치는 것이 아니라 부처님의 탄생, 성도成道, 열반까지 이르는 과정을 떠올리는 매일 매일의 계기를 이루고 수많은 부처님과 보살님을 생각하며 자신도 불보살처럼 살겠다는 의지를 다지는 일종의 의식인 셈이다.

절에서 신도들이 밥을 먹기 전에 외우는 오관게五觀偈가 있다. "이 음식이 어디에서 왔는가? 내 덕행으로 받기 부끄럽네. 마음에 온갖 욕심 없애고 이 몸을 지탱하는 약으로 알아 도업을 이루고자 이 공양을 받습니다."라고 외는데, 이 구절의 원전인 《소심경小心經》 가운데 극히 일부를 따다가 공양 전에 다짐을 하는 것이다.

스님들이 발우공양을 할 때는 본래《소심경》전체를 절차에 맞추어 외면서 공양을 했다. 선반에 올려놓은 발우를 내려놓으면서 외는 하발게下鉢偈, 발우를 내려놓고 앉아서 부처님을 상기하며 외는 회발게回鉢偈, 발우를 펴면서 외는 전발게展鉢偈, 불보살님들의 명호를 외는 십념十念, 배식을 마치고 어시빌우를 세 번 올렸다 내리며 외는 봉반게奉飯偈, 어시발우에서 밥알을 조금씩 떠서 헌식기에 담으며 외는 오관게五觀偈, 이어서 생반게生飯偈, 정식게淨食偈, 삼시게三匙偈를 외고 나서 죽비 소리에 맞춰 공양을 시작한다.

이게 끝이 아니다. 공양을 마치고 청수로 발우를 닦은 후에 절수게節水偈를 외고 마지막으로 해탈주解脫呪를 외고 나야 공양이 끝난다. 이 각각의 절차에서 외는 게송과 의미는 다음과 같다.

하발게下鉢偈 – 선반 위의 발우를 내리면서

집지응기執持應器 당원중생當願衆生
성취법기成就法器 수천인공受天人供

발우를 들며 발원하오니 모든 중생이 깨달음을
이루어 신과 인간의 공양 받기를 원하옵니다.

회발게回鉢偈 – 발우를 앞에 놓고 앉아서

불생가비라佛生迦毘羅 성도마갈타成道摩竭陀
설법바라나說法婆羅奈 입멸구시라入滅拘尸羅

부처님께서는 카필라성에서 태어나시고
마갈타에서 깨달음을 이루었으며
바라나시에서 최초 설법을 하시고
구시나가라에서 열반에 드셨습니다.

즉, 부처님께서 왜 태어났으며, 어떻게 수행을 했으며,
무엇을 깨쳤으며, 무엇을 설법했으며,
어떻게 열반에 드셨는가를 생각하며
부처님을 닮고자 하는 시간이다.

전발게展鉢偈 - 발우를 펼치면서

여래응량기如來應量器 아금득부전我今得敷展

원공일체중願共一切衆 등삼륜공적等三輪空寂

옴 발다나야 사바하(세 번)

부처님 때부터 전해져오는 이 발우를

지금 내 앞에 놓고 펼치니

원하옵건대 일체중생이

삼륜이 텅 비고 고요한 경지에 함께 오르길 발원하옵니다.

삼륜은 보시하는 사람, 보시 받는 사람, 보시한 물건 이 모두 청정한 경지를 말한다.

십념十念 - 발우를 펼치고 나서

청정법신비로자나불 원만보신노사나불 천백억화신석가모니불
清淨法身毘盧遮那佛 圓滿報身盧舍那佛 千百億化身釋迦牟尼佛

구품도사아미타불 당래하생미륵존불 시방삼세일체제불
九品導師阿彌陀佛 當來下生彌勒尊佛 十方三世一切諸佛

시방삼세일체존법 대지문수사리보살 대행보현보살 대비관세음보살
十方三世一切尊法 大智文殊師利菩薩 大行普賢菩薩 大悲觀世音菩薩

대원본존지장보살 제존보살마하살 마하반야바라밀
大願本尊地藏菩薩 諸尊菩薩摩訶薩 摩訶般若波羅密

만 생명의 주인이신 법신 비로자나불, 기도에 감응해 주시는 보신 노사나 부처님, 중생의 유일한 구원자 화신 석가모니 부처님, 극락세계 주인이신 아미타 부처님, 미래중생의 구원자이신 미륵 부처님이시여, 시공을 초월하여 두루 충만한 모든 부처님이시여, 시공을 초월하여 두루 충만한 모든 거룩한 진리여, 큰 지혜로 중생을 인도하시는 문수보살님, 큰 실천으로 중생을 인도하시는 보현보살님, 큰 자비로써 중생을 구제하시는 관세음보살님, 큰 원력으로써 중생을 구제하시는 지장보살님, 거룩하옵신 모든 부처님과 보살님이시여, 지극한 정성으로 귀의하오니 큰 지혜로 저희를 불 세계로 인도하소서.

봉반게奉飯偈 - 공양 전 어시발우를 세 번 머리 위로 들면서

차식색향미 상공시방불 중공제현성 하급군생품

此食色香味 上供十方佛 中供諸賢聖 下及群生品

등시무차별 수함개포만 영금시수등 득무량바라밀

等施無差別 受咸皆飽滿 令今施受等 得無量波羅密

이 음식의 빛깔과 향기와 맛

위로는 시방삼세 부처님께 공양을 올리고

가운데로는 현인과 성인에게 올리고

아래로는 일체의 중생의 무리에게 베푼다.

차별 없이 평등하게 베풀어

받아 지녀 배불러지이다.

지금 이 음식을 베푸는 자와 받는 자가 함께

한량없는 깨달음을 얻게 하소서.

오관게五觀偈 - 밥알을 조금 떼서 지옥 중생에게 주면서

계공다소량피래처 촌기덕행전결응공 방심리과탐등위종

計功多少量彼來處 忖己德行全缺應供 防心離過貪等爲宗

정사량약위료형고 위성도업응수차식

正思良藥爲療形枯 爲成道業應受此食

이 음식이 여기까지 오기까지를 생각해보네

내 부족한 공덕으로는 감히 받기 어려워라.

이 음식을 먹는 것은 탐진치 삼독을 끊고

몸을 지탱하고 마음을 치료하는 약으로 알아

도업을 이루기 위해 이 음식을 받습니다.

생반게生飯偈 - 밥 먹기 직전에 감로인을 맺고

여등귀신중 아금시여공 차식변시방 일체귀신공

汝等鬼神衆 我今施汝供 此食遍十方 一切鬼神供

옴 시리시리 사바하(세 번)

너희 귀신의 무리들아

내가 지금 이 공양을 베푸나니,

이 음식이 시방에 두루해져서

일체의 귀신들이 이 공양을 받을지어다.

정식게淨食偈 - 밥 먹기 전에

오관일적수 팔만사천충 약불염차주 여식중생육

吾觀一滴水 八萬四千蟲 若不念此呪 如食衆生肉

옴 살바 나유타 발다나야 반다반다 사바하(세 번)

내가 물 한 방울을 여실히 관찰해 보니

팔만사천 마리의 벌레가 있구나

만약에 이 주문을 외우지 않으면,

중생의 고기를 먹는 것과 같구나.

삼시게三匙偈 - 밥 먹기 전에

원단일체악 원수일체선 원공제중생 동성무상도

願斷一切惡 願修一切善 願供諸衆生 同成無上道

일체의 악을 끊겠습니다.

일체의 선을 닦겠습니다.

원컨대 일체의 중생과 함께

무상도를 이루겠습니다.

절수게節水偈 - 청수물을 청수통에 붓고

아차세발수 여천감로미 시여아귀중 개령득포만

我此洗鉢水 如天甘露味 施汝餓鬼衆 皆令得飽滿

내 이 발우 씻은 물은

하늘나라의 감로수의 맛과 같노니

너희 아귀의 무리들에게 베푼다.

모두 받아 마셔서 배부를지어다.

해탈주解脫呪 - 공양이 모두 끝난 후

나무 동방 해탈주 세계 허공공덕 청정미진 등목단정 공덕상 광명화 파두마 유리광보체상 최상향 공양흘 종종장엄정계 무량무변 일월광명 원력장엄 변화장엄 법계출생 무장애왕

여래 아라하 삼먁 삼불타(세 번)

해탈주에는 발우공양을 마치면서 모든 중생이 고통의 세계를 벗어나 평화롭고 안락한 절대평등의 세계로 가기를 원한다는 내용을 담고 있다.

발우공양은 이 게송들 외에는 일체의 말소리 없이 죽비 소리에 맞춰서 진행된다. 밥을 먹는 것도 중요한 수행이자 의식이라 여기기 때문에 가사를 입고 수행하기도 하며, 게송 가운데는 다른 의식 때처럼 부처님에 대한 찬탄과 공경을 먼저 하고 모든 중생의 노고와 은혜에 감사하며, 자신의 일과를 되돌아보고, 배고픈 모든 중생들에 대해 자비의 마음을 갖도록 하는 수행의 핵심적인 요소들이 모두 담겨 있다.

공양이란 영산재, 수륙재 같은 '재齋'와 동일한 뜻을 가지고 있다. 일체의 부처님과 중생들에게 공양을 올리는 의식이 재인데 하루하루 생활 속에서 불보살님은 물론 일체의 중생을 떠올리며 게송을 읊고 공양하는 것은 일종의 의식이자 기도인 셈이다.

무엇을 먹을 것인가 – 육식과 오신채

부처님 입적 후 100년이 지나 출가자들이 지켜야 할 계율을 엮어 만든《사분율》에 의하면, '때에 맞는 음식'을 먹으라고 한다. 즉, 아침은 죽식粥食, 점심은 딱딱한 음식, 저녁은 과일즙 등이 그것이다. 아침의 죽식에 대하여, 《사분율》에서는 다섯 가지 공덕이 있다고 말한다. 즉, 죽粥은 공복감을 없애고, 갈증을 없애며, 소화를 원활하게 해 주며, 대 소변을 잘 조절해 주고, 풍風을 없애준다고 한다.

낮에는 활동량이 많을 뿐 아니라 위장이 활발하게 활동하는 때이므로, 딱딱한 음식을 권했다. 하지만 과식을 하거나 잠자기 두 시간 전에 먹는 음식은 독약과 같다고 해서 오후에는 불식不食을 원칙으로 하고 저녁에는 과일즙만 먹으라 했다. 과일즙은 장에 부담을 주지 않으면서 섬유질이 많아 아침과 낮에 먹은 음식의 배설을 돕는 역할을 하기 때문이다.

또한, '불살생'의 계율에 의거하여 육식은 절제하고 채식을 권장하고 있다. 전통적인 탁발에 의한다면, 재가자가 공양하는 음식을 가리지 않고 받는 것이므로 온전한 채식이 되기는 힘들 것이다. 현재 남방의 수행센터에서도 순전한 채식을 하는 쪽과 육식을 가리지 않는 쪽이 혼재하고 있다.

하지만, 불교가 중국으로 건너오면서 도교의 영향을 받으며 일절 육식을 금하는 전통이 확립된 것으로 보인다. 팔리어 율장에 보면 육식과 관련한 다음과 같은 구절이 나온다.

"비구들이여, 자기 자신을 위해 죽인 고기라는 것을 알면서 그 고기를 먹어서는 안된다. 누구든지 그러한 고기를 먹으면 잘못을 저지르는 것이다. 비구들이여, 만일 자기를 위해 죽이는 것을 보지 않았고, 자기를 위해 죽였다는 소리를 듣지 않고, 자기를 위해 고의로 죽였다는 의심이 없다면, 즉 세 가지 점에서 깨끗한 생선과 고기는 먹어도 좋다고 나는 허락한다."

부처님 당시에 유행했던 고행주의자들은 비린내 나는 음식 때문에 그 사람이 부정해진다고 생각했다. 그런데 부처님께서 비린 것 즉, 생선과 고기를 금하지 않았다는 사실을 알고 크게 실망한다. 그래서 직접 부처님을 찾아가 비린 것과 부정의 관계에 대해 질문한다.

《숫타니파타》에 실린 내용을 그대로 소개하면 다음과 같다. 띳사 바라문이 과거불인 가섭불迦葉佛에게 닭고기와 함께 밥을 먹으면서 비린내가 나지 않는다고 하는데, "당신이 말한 비린 것이란 어떤 것인가"라고 묻는다. 이에 가섭불은 다음과 같이 대답한다.

"산 것을 죽이는 일, 때리고 자르고 묶는 일, 훔치고 거짓말하는 일, 사기와 속이는 일, 그릇된 것을 배우는 일, 남의 아내와 가까이 하는 일, 이것이 비린내 나는 일이지 육식이 비린내 나는 일이 아니다."

당시만 해도 걸식을 하면서 신도들이 주는 대로 먹었을 텐데 이것저것 빼고 달라거나 이것저것 건져내 놓고 먹지는 않았을 것이다. 그렇다고 해서 불교가 육식을 적극적으로 권장하는 것은 아니다. 오히려 부처님께서는 육식의 폐해에 대해서, "예전에는 탐욕과 굶주림과 늙음의 세 가지 병밖에는 없었는데 많은 가축들을 제사 지내기 위해 죽인 까닭에 아흔여덟 가지나 되는 병이 생겼다."라고 육식을 경계하는 말씀을 남겼다.

사찰음식과 관련해서 사람들이 가장 관심 갖는 것 가운데 또 하나가 오신채五辛菜다. 파·마늘·달래·부추·흥거가 바로 다섯 가지 매운 채소로 오히려 육식보다도 더 명확하게 이 다섯 가지 채소를 먹지 말 것을 가르쳤다.

"공부하는 중생들이 깨달음을 구하고자 한다면 세간에 넘쳐나는 오신채를 끊어야 한다. 오신채는 익혀서 먹으면 음란한 마음이 생겨나고, 날 것으로 먹으면 분노하는 마음만 커지게 된다. 오신채를 먹는 사람은 12가지 경전을 설할지라도 시방세계의 하늘과 신선이 그 냄새를 싫어해 저 멀리 떠난다. 또한 오신채로 식사를 하면 온갖 아귀들이 입술을 핥으므로 항상 귀신과 함께 있어 복덕이 나날이 없어진다. 그러니 중생이 깨달음을 성취하려면 영원토록 오신채를 끊어야 한다."

-《능엄경》

"다섯 가지 냄새 나쁜 채소를 먹지 말지니, 파·마늘·달래·부추·흥거라는 이 다섯 가지 매운 채소는 일체 음식에 넣어 먹지 말지니라. 만일 먹는 자는 경구죄輕垢罪를 범하니라."

-《범망경》

오신채를 먹지 말아야 하는 이유로 익혀서 먹으면 음란한 마음이 생거나고 날 것으로 먹으면 분노하는 마음만 커지기 때문에 먹지 말라는 말씀이다. 음식과 관련하여 부처님께서 남긴 말씀을 요약하면 다음의 두 가지로 압축된다.

"부처님 말씀대로 하자면 두 가지 인연만 있으면 수명이 길어진다고 한다. 그 두 가지란 무엇인가? 하나는 산 목숨을 해치지 않는 것이고, 하나는 남에게 음식을 베푸는 것이다. 석가모니 여래께서는 일찍이 한량없는 백천만억의 무수한 대겁大劫 동안 길고 긴 세월을 두고 산 목숨을 죽이지 않았고, 열 가지 착한 일을 행하셨으며, 언제나 음식을 온갖 굶주린 중생들에게 은혜롭게 베푸셨다. 심지어 당신 몸의 피와 살, 뼈와 골수마저 내 주시어 그들로 하여금 배불리 먹게 하셨으니, 하물며 그 밖의 음식 따위 이겠는가?"

– 《금광명최승왕경》 여래수량품如來壽量品

음식을 먹는 행위 자체가 불교의 세계관을 그대로 담고 있는 수행이요 의식이다. 맛을 탐닉하여 탐욕에 빠지거나 산 목숨을 죽이거나 하지 말 것이며, 또한, 자기 자신만을 위한 공양이 아니라 널리 중생에게 베풀어 더불어 평등하게 베푸는 것이 불교식 공양의 정신이다.

봄 여름 가을 겨울, 계절따라
진관사 사찰음식 만드는 법

◇ 봄

냉이죽

☐ 재료 : 냉이 200g, 멥쌀 2컵, 냉이 데친 물 8컵, 참기름 1T, 불린 표고버섯 1개,
 소금 약간, 홍고추 검은깨 약간

1. 깨끗이 손질한 냉이를 끓는 물에 데친다.
2. 멥쌀은 깨끗이 씻어 불린다.
3. 표고버섯은 다진다.
4. 냄비에 참기름을 두르고 멥쌀과 표고버섯을 달달 볶다가 냉이 데친 물을 넣고 주걱으로 저어주며 끓인다.
5. 쌀알이 퍼지면 냉이를 넣고 한소끔 끓인 뒤 소금으로 간한다.
6. 냉이죽을 그릇에 담고 홍고추와 검은깨를 고명으로 올려준다.

씀바귀무침

▢ 재료 : 씀바귀 200g, 양념장(간장 2T, 고춧가루 1T, 매실즙 1T, 참기름 1T, 깨 1/2T)

1. 씀바귀는 깨끗이 씻어 먹기 좋게 자른다.
2. 양념장을 만든다.
3. 먹기 직전에 씀바귀에 양념장을 넣고 버무린다.

연근쑥개떡

▢ 재료 : 연근 1kg, 멥쌀가루 1컵, 쑥 한줌, 참기름 1T, 연근 물 2T, 소금 약간

1. 연근은 껍질을 벗기고 강판에 간 뒤 물기를 짜준다.
2. 쑥은 끓는 물에 데친 뒤 연근 짠 물을 넣고 곱게 간다.
3. 멥쌀가루에 연근과 쑥을 넣고 반죽하여 많이 치댄다.
4. 반죽을 얇게 빚은 뒤 김 오른 찜기에 넣고 15분 정도 찐다.
5. 다 익으면 참기름을 살짝 발라준다.

◇ 여름

빡빡된장

□ 재료 : 된장 1컵, 표고버섯 3장, 청·홍고추 5개씩, 새송이버섯 1개, 호박 1/2개, 고춧가루 1T, 표고버섯·다시마물 1컵

1. 불린 표고버섯의 물기를 꼭 짠 뒤 곱게 다진다.
2. 새송이버섯, 호박, 청·홍고추도 곱게 다진다.
3. 표고버섯과 다시마를 우린 물에 표고버섯, 새송이버섯, 호박 다진 것을 넣고 끓인다.
4. 다 익으면 여기에 된장을 풀어 넣고 고춧가루와 다진 고추를 넣은 뒤 한소끔 끓인다.

짠무

□ 재료 : 짠무 1/2개, 청·홍고추 1/2개씩, 생수 3컵
　　　　(*무 1개에 굵은 소금 1/2컵 정도, 고추씨는 넉넉히 넣어준다.)

1. 가을에 중간 크기의 단단한 무를 골라 깨끗이 씻은 뒤 굵은 소금을 듬뿍 넣고 1주일 정도 절인다.
2. 무가 절여지면 고추씨를 넣고 바람이 통하지 않게 잘 덮고 서늘한 곳에서 5개월 이상 숙성시킨다.
3. 숙성된 짠무를 얇게 썰어서 헹궈 짠맛을 우려낸다.
4. 물을 붓고 송송 썬 청·홍고추를 띄워 먹는다.

서리태콩국수

□ 재료 : 불린 서리태 3컵, 물 4컵 정도, 깨 1/2컵, 잣 약간, 밀가루 2컵,
　　　　소금 약간, 오이·홍고추·검은깨 약간

1. 서리태를 불려 끓는 물에 삶은 뒤 껍질을 벗긴다.
2. 껍질 벗긴 콩과 통깨, 잣에 물을 4컵 정도 넣고 갈아서 소금간한다.
3. 밀가루에 미지근한 물과 소금을 넣고 반죽하여 숙성시킨다.
4. 숙성된 반죽을 밀대로 얇게 밀고 곱게 채 썰어 국수를 만든다.
5. 끓는 물에 국수를 삶은 뒤 찬물에 헹군다.
6. 오이, 홍고추는 채 썰어 고명으로 준비한다.
7. 그릇에 국수를 담고 콩국물을 부은 뒤 고명을 얹는다.

◇ 가을

서리태콩비지

□ 재료 : 서리태 3컵, 물 1컵, 배춧잎(봄동) 2장, 물 4컵, 참기름 1/2T, 소금 약간

1. 서리태는 불려서 껍질을 벗긴다.
2. 불린 콩에 물을 1컵 정도 붓고 약간 거칠게 간다.
3. 데친 배춧잎을 썰어서 참기름에 볶고 소금간한다.
4. 냄비에 물을 4컵 정도 넣고 끓으면 볶은 배추, 간 콩을 넣고 한소끔 끓인다.

두부조림

□ 재료 : 두부 1모(400g), 표고버섯 1개, 청양고추 1개, 표고버섯·다시마물 1/2컵,
　　　　 양념장(참기름 1T, 국간장 1T, 진간장 2T, 고춧가루 1/2T, 깨 1/2T)

1. 두부는 2cm 두께로 썰어서 냄비에 가지런히 놓는다.
2. 표고버섯, 고추는 채 썬다.
3. 양념장에 표고버섯·다시마 우린 물을 넣고 표고버섯, 고추도 한데 섞는다.
4. 두부에 양념장을 올린 다음 한소끔 끓인다.

무말랭이장아찌

□ 재료 : 무말랭이 200g, 간장 4T, 물 1컵,
　　　　 양념장(고춧가루 1컵, 조청 4T, 배즙 4T, 찹쌀풀 4T, 소금 약간, 깨 2T)

1. 무말랭이는 깨끗이 씻어 간장, 물을 넣고 5~6시간 담가둔다.
2. 양념장을 만든다.
3. 무말랭이에 양념장을 버무리고 일주일 후에 먹는다.

◇ 겨울

청국장무침

□ 재료 : 청국장 2컵, 김 2장,
　　　　양념장(간장 1T, 참기름 1T, 깨 1T, 고춧가루 약간, 설탕 1t, 다진 청·홍고추 1T씩)

1. 청·홍고추를 곱게 다진다.
2. 김은 잘게 썬다.
3. 양념장을 만든다.
4. 청국장에 양념장, 자른 김을 넣고 무친다.

시래기볶음

□ 재료 : 시래기 400g, 표고버섯·다시마물 1컵, 조청 3T,
　　　　양념장(국간장 1T, 진간장 3T, 고춧가루 1T, 청·홍고추 1개씩, 깨·참기름 약간)

1. 시래기는 무르게 삶은 뒤 껍질을 벗기고 알맞게 썬다.
2. 시래기에 양념장을 골고루 무친다.
3. 냄비에 시래기를 볶다가 표고버섯 · 다시마 우린 물을 넣고 중불에서 푹 무르도록 익힌다.
4. 어느 정도 무르면 조청을 넣고 뒤적인 뒤 한소끔 더 끓인다.

동치미

□ 재료 : 단단한 중간 크기 무 2다발, 갓 1단, 생청각 100g, 청고추 10개, 굵은소금 5컵, 물 5리터

1. 무, 갓, 청각, 고추는 깨끗이 씻는다.
2. 물에 소금을 풀어서 불순물을 가라앉히고 면 보자기로 거른다.
3. 항아리에 청각, 갓, 고추, 무, 갓, 무청을 차례로 넣고 소금물을 붓는다.
4. 동치미가 변하지 않게 대나무가지로 덮어준다.

행복한 세 비구니 스님

50여 년 전, 젊은 비구니 스님 한 분이 진관사로 들어왔습니다.
전쟁의 상처가 고스란히 남아 있던 산사에서 예불도 올리고 밭도 일궈 살면서
2년 만에 대웅전을 짓고 3년 만에 비로소 부처님을 모시게 되었습니다.

그 날 이후 진관사 부처님은 항상 빙그레 웃고 있습니다.
50여 년이 지나 새치름하게 보였던 그 스님은
신도들에게 "건강하게 사세요!"라고
말하고 또 말하는 할머니 스님이 되었습니다.
그 곁에는 새 주지 스님과 총무 스님이 자리를 지키며
항상 할머니 스님을 따라 웃습니다.
그 모습을 지켜보는 신도들도 괜히 기분이 좋습니다.
그렇게 행복이 잔잔히 번져나가는 절, 진관사입니다.

절집 이야기 1
랄랄라 진관사

1판 1쇄 인쇄 2015년 5월 1일
1판 1쇄 발행 2015년 5월 7일

글 황찬익, 수경
사진 황찬익
그림 박준우
펴낸이 이태호
펴낸곳 클리어마인드

편집 김창현
디자인 서영석
인쇄 보현 P&P

출판등록 제 300-2005-54호
주소 서울시 종로구 수송동 58 두산위브파빌리온 736호
전화 02-2198-5151
팩스 02-2198-5153

ⓒ 이야기공방 산사, 2015
이야기공방 산사는 산과 절에 관한 이야기를 기획하고 글과 사진, 그림 등으로 콘텐츠화해서
온라인과 오프라인 상에서 독자들에게 전달하는 모임입니다.

ISBN 978-89-93293-36-4   04220
ISBN 978-89-93293-37-1   (세트)
값 15,000원

잘못된 책은 교환해드립니다.
이 책은 저작권법에 따라 보호받는 저작물이므로 무단전재와 복제를 금지하며, 이 책 내용의 일부를 이용할 때에 반
드시 지은이와 본 출판사의 서면 동의를 받아야 합니다.

클리어마인드는 (주)지오비스의 출판브랜드입니다.

이 도서의 국립중앙도서관 출판예정도서목록(CIP)은 서지정보유통지원시스템 홈페이지(http://seoji.nl.go.kr)와 국가자
료공동목록시스템(http://www.nl.go.kr/kolisnet)에서 이용하실 수 있습니다.(CIP제어번호: CIP2015011835)